Schreiben üben!
JAPANISCH

Die Schriftzeichen Schritt für Schritt lernen und trainieren

von Katja Heere

bearbeitet von
Reiko Kobayashi

Danke für Ihr Vertrauen!

Wir bei PONS sind der Überzeugung: Wer Sprachen spricht, dem steht die Welt offen. Aus diesem Grund entwickeln wir seit über 40 Jahren hochwertige Wörterbücher und Sprachlern-Produkte und entwerfen ständig neue didaktische Konzepte, um für alle Lernenden das Passende anbieten zu können.

Helfen Sie uns mit Ihrem Feedback!

Sind Sie mit diesem Buch zufrieden?

Dann freuen wir uns über Ihre **Weiterempfehlung**. Erzählen Sie es Ihrem Freundeskreis, der Buchhandlung Ihres Vertrauens oder schreiben Sie eine **Online-Rezension** und helfen Sie uns, dieses Buch anderen näherzubringen.

Sie haben Fragen bzw. Kritik oder Korrekturen an unserem Buch?

Wir freuen uns über Ihre Anregungen. Schreiben Sie uns eine Nachricht auf **www.pons.de/kontakt**.

Ihr Feedback hilft uns, unsere Produkte immer weiter zu verbessern.

Herzlichen Dank für Ihre Unterstützung und viel Spaß & Erfolg beim Sprachenlernen.

Ihre PONS-Redaktion

Zu diesem Buch

Mit diesem Buch lernen Sie Schritt für Schritt die zwei Silbenalphabete Hiragana und Katakana und erhalten einen ersten Einblick in die chinesischen Schriftzeichen Kanji. Die gängigen Schreibrichtungen der japanischen Schrift, von oben nach unten sowie von rechts nach links, finden Sie in den Übungen wieder.
Ab Seite 125 finden Sie 4 Doppelseiten, die Sie sich zu Lernkärtchen zurechtschneiden können. Mit Hilfe der Kopiervorlagen ab Seite 133 können Sie die Übungen so oft wiederholen, wie Sie möchten.

Viel Spaß und viel Erfolg!

Inhalt

Kurze Einführung in die japanische Schrift 5
Hinweise für das Schreiben 7

1. Hiragana **9**
1.1 Hiragana-Tabelle 9
1.2 Die klaren Laute 10
1.3 Langvokale 30
1.4 Die stimmhaften Laute 32
1.5 Die gebrochenen Laute 38
1.6 Doppelkonsonanten 46
1.7 Die Partikeln **o**, **wa** und **e** 49
1.8 Glückwünsche auf Japanisch 52

2. Katakana **54**
2.1 Allgemeines zu Katakana 54
2.2 Katakana-Tabelle 56
2.3 Neue zusätzliche Laute 57
2.4 Die klaren Laute 58
2.5 Die stimmhaften Laute 79
2.6 Die gebrochenen Laute 85

3. Kanji **101**
3.1 Aufbau der Kanji 103
3.2 Struktur der Kanji 105
3.3 Schreibung der Kanji 106
3.4 Kalligrafie 107
3.5 Die Zahlen 108
3.6 Die japanische Währung 111
3.7 Die Uhrzeit 113
3.8 Monate, Datum, Jahreszahlen 115
3.9 Die Wochentage 118
3.10 Die Jahreszeiten 121
3.11 Wichtige Kanji für unterwegs 122

Lösungen zu den Übungen **123**
Hiragana Lernkärtchen **125**
Katakana-Lernkärtchen **129**
Kopiervorlagen **133**
Bildnachweis **142**

Kurze Einführung in die japanische Schrift

Im Japanischen gibt es zwei Silbenalphabete: Hiragana und Katakana. Sie werden zusammengefasst als **Kana** bezeichnet.

Das **Hiragana** besteht aus 46 Zeichen. Diese im 9. Jahrhundert n. Chr. entwickelte Schrift wurde ursprünglich vorwiegend von japanischen Hofdamen verwendet und deshalb auch als „Frauenschrift" bezeichnet.

Im modernen Japanisch wird Hiragana vorwiegend für Flexionsendungen sowie für Wörter, die nicht als Kanji dargestellt werden können, benutzt. Theoretisch könnte man mit Hiragana alle japanischen Texte schreiben. Kinderbücher für die allerkleinsten Leser sind auch tatsächlich durchgehend in Hiragana geschrieben.

Das **Katakana** wurde im 9. Jahrhundert etwas später als das Hiragana von Mönchen als Kurzschrift für buddhistische Texte entwickelt. Heute wird Katakana vorwiegend für Fremdwörter, etwa Anglizismen, und ausländische Namen benutzt. Es ist manchmal nicht ganz einfach, ein Katakana-Wort wiederzuerkennen, weil im Japanischen vieles abgekürzt oder von der englischen Aussprache abgeleitet wird. Katakana-Schriftzeichen sind jedoch sehr nützlich, weil man mit ihnen den Wortschatz schnell erweitern kann. Außerdem brauchen Sie Katakana, um Ihren eigenen Namen zu schreiben. Mehr zum Katakana finden Sie ab S. 54.

Die Silbenschriftzeichen von Hiragana und Katakana bestehen immer aus einem Vokal oder einem Konsonanten in Verbindung mit einem Vokal. Eine Ausnahme bildet lediglich das „n". Die tabellarische Darstellung der Zeichen auf Seite 9 (Hiragana) und Seite 56/57 (Katakana) ist die Standarddarstellung; die Zeichen sollten in eben dieser Reihenfolge erlernt werden. Auch japanische Nachschlagewerke sind so geordnet.

Die ebenfalls aus dem Chinesischen übernommenen **Kanji** – Wortschriftzeichen – stellen ganze Wörter dar, die meisten von ihnen Substantive, Adjektive und Verben. Mehr zu den Kanji erfahren Sie ab Seite 101.

Hiragana und Katakana wurden von den Kanji-Schriftzeichen abgeleitet. Dabei unterscheiden sich Hiragana-Zeichen von den Kanji-Zeichen vor allem durch die geschwungene, fließende Strichführung. Katakana-Zeichen sind reduzierte Kanji; sie bilden nur einen Teil des Kanji ab.

Manche der Schriftzeichen wurden sowohl für Hiragana als auch für Katakana vom selben Kanji-Schriftzeichen abgeleitet. Hier ein paar Beispiele:

Hiragana		Kanji		Katakana
か	←	加	→	カ
に	←	仁	→	ニ
の	←	乃	→	ノ
も	←	毛	→	モ
や	←	也	→	ヤ

Hier einige Beispiele von Hiragana und Katakana, die von unterschiedlichen Kanji-Zeichen abgeleitet wurden:

Hiragana		Kanji	Kanji		Katakana
い	←	以	伊	→	イ
え	←	衣	江	→	エ
は	←	波	八	→	ハ
む	←	武	牟	→	ム

Im Japanischen hat sich die Mischschrift aus Hiragana, Katakana und sinntragenden chinesischen Schriftzeichen bewährt. Sie ermöglicht eine schnelle Strukturierung auch komplexer Sätze. Als Beispiel der Satz „Ich trinke Kaffee“:

私は、 コーヒーを 飲みます。
Ich Kaffee trinke.

Die Hiragana は und を sind Partikeln, die Hiragana み, ま und す bilden die Endung des Verbs. コーヒー bedeutet „Kaffee“. Weil es ein ausländisches Wort ist, ist es in Katakana geschrieben. 私 bedeutet „ich“, 飲 bedeutet „trinken“; sie sind mit Kanji geschrieben.

Manchmal werden auch Buchstaben aus dem lateinischen Alphabet benutzt, z. B. in dem Satz „Dieser PC ist mein Computer“:

この PCは、 私の コンピューター です。
Dieser PC mein Computer ist.

この ist in Hiragana und bedeutet „dieser“, は und の sind Partikeln und ebenso in Hiragana. コンピューター (Computer) ist als ausländisches Wort mit Katakana geschrieben. です ist das Verb und in Kanji; es steht im japanischen Satz am Satzende.

Hinweise für das Schreiben

In besonderem Maße bei den Kanji, aber auch bei Hiragana und Katakana, spielen die Strichfolge und die Schreibrichtung eine große Rolle. Bitte achten Sie deshalb unbedingt auf die bei den Schriftzeichen angegebenen kleinen Zahlen - sie geben die Reihenfolge der Striche an - und auf die kleinen Pfeile - sie geben die Schreibrichtung an.
Neben der Strichfolge und der Schreibrichtung muss man für eine saubere Handschrift darauf achten, wie die Striche enden.
Wie Sie bei genauer Betrachtung der Zeichen erkennen werden, haben die Striche entweder

- ein spitzes Ende, bei dem der Stift den Strich leicht ausgleiten lässt,
- ein stumpfes Ende, bei dem der Stift fest auf dem Papier stoppt, oder
- einen kleinen Haken, bei dem der Stift einmal auf dem Papier stoppt und dann in eine andere Richtung ausgleitet.

 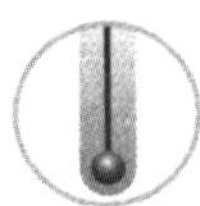 

1. Hiragana

1.1 Hiragana-Tabelle

Hier finden Sie eine Übersicht der Hiragana-Schriftzeichen. Diese Tabelle ist eingeteilt in klare und gebrochene Laute.

klare Laute | **gebrochene Laute**

あ a	い i	う u	え e	お o			
か ka	き ki	く ku	け ke	こ ko	きゃ kya	きゅ kyu	きょ kyo
さ sa	し shi	す su	せ se	そ so	しゃ sha	しゅ shu	しょ sho
た ta	ち chi	つ tsu	て te	と to	ちゃ cha	ちゅ chu	ちょ cho
な na	に ni	ぬ nu	ね ne	の no	にゃ nya	にゅ nyu	にょ nyo
は ha	ひ hi	ふ fu	へ he	ほ ho	ひゃ hya	ひゅ hyu	ひょ hyo
ま ma	み mi	む mu	め me	も mo	みゃ mya	みゅ myu	みょ myo
や ya		ゆ yu		よ yo			
ら ra	り ri	る ru	れ re	ろ ro	りゃ rya	りゅ ryu	りょ ryo
わ wa	ん n			を o			

Durch zwei kurze Schrägstriche bzw. durch einen kleinen Kreis in der rechten oberen Ecke des betreffenden Zeichens können zusätzliche Silben gebildet werden.

stimmhafte Laute | **gebrochene Laute**

が ga	ぎ gi	ぐ gu	げ ge	ご go	ぎゃ gya	ぎゅ gyu	ぎょ gyo
ざ za	じ ji	ず zu	ぜ ze	ぞ zo	じゃ ja	じゅ ju	じょ jo
だ da	ぢ ji	づ zu	で de	ど do			
ば ba	び bi	ぶ bu	べ be	ぼ bo	びゃ bya	びゅ byu	びょ byo
ぱ pa	ぴ pi	ぷ pu	ぺ pe	ぽ po	ぴゃ pya	ぴゅ pyu	ぴょ pyo

1.2 Die klaren Laute

Los geht's! Lernen und üben Sie hier die ersten Hiragana-Zeichen. Achten Sie darauf, wo die Striche innerhalb des Quadrats gesetzt werden. Die gestrichelten Linien sind zusätzliche Hilfslinien.

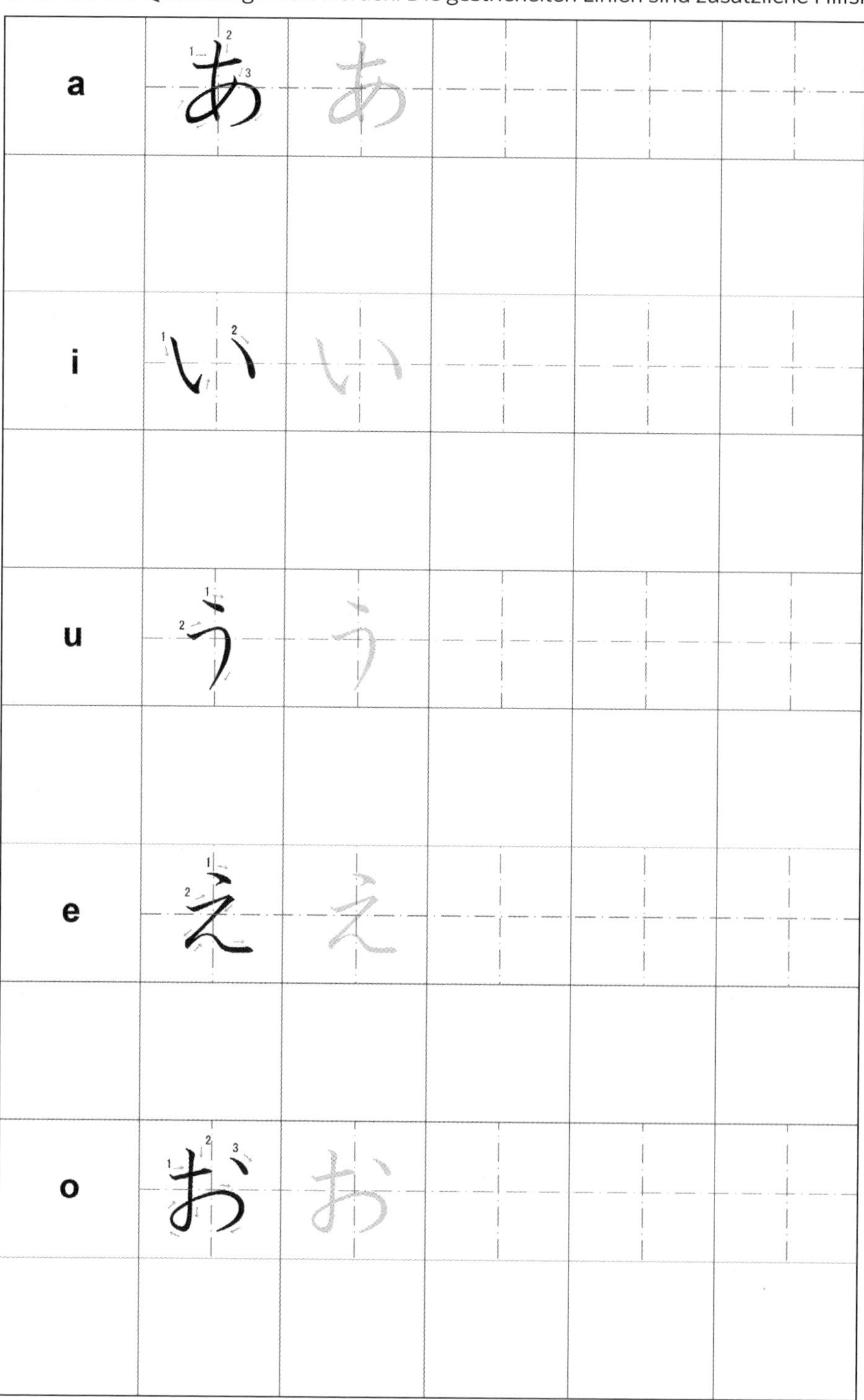

ka	か	か			
ki	き	き			
ku	く	く			
ke	け	け			
ko	こ	こ			

Schreiben Sie erste Wörter!

Bei senkrechter Schreibrichtung liest man Bücher und Zeitungen von „hinten nach vorne“.

いえ

ie = Haus

えき

eki = Bahnhof

いけ

ike = Teich

き

ki = Baum

Waagerecht gesetzte Texte und Bücher werden von links nach rechts und nach europäischem Verständnis „von vorn nach hinten“ gelesen.

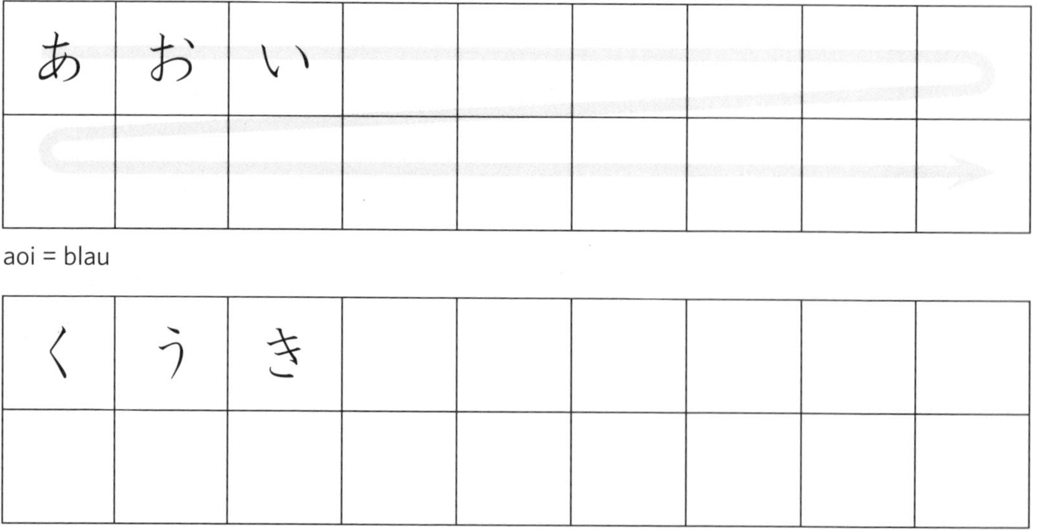

aoi = blau

kuuki = Luft

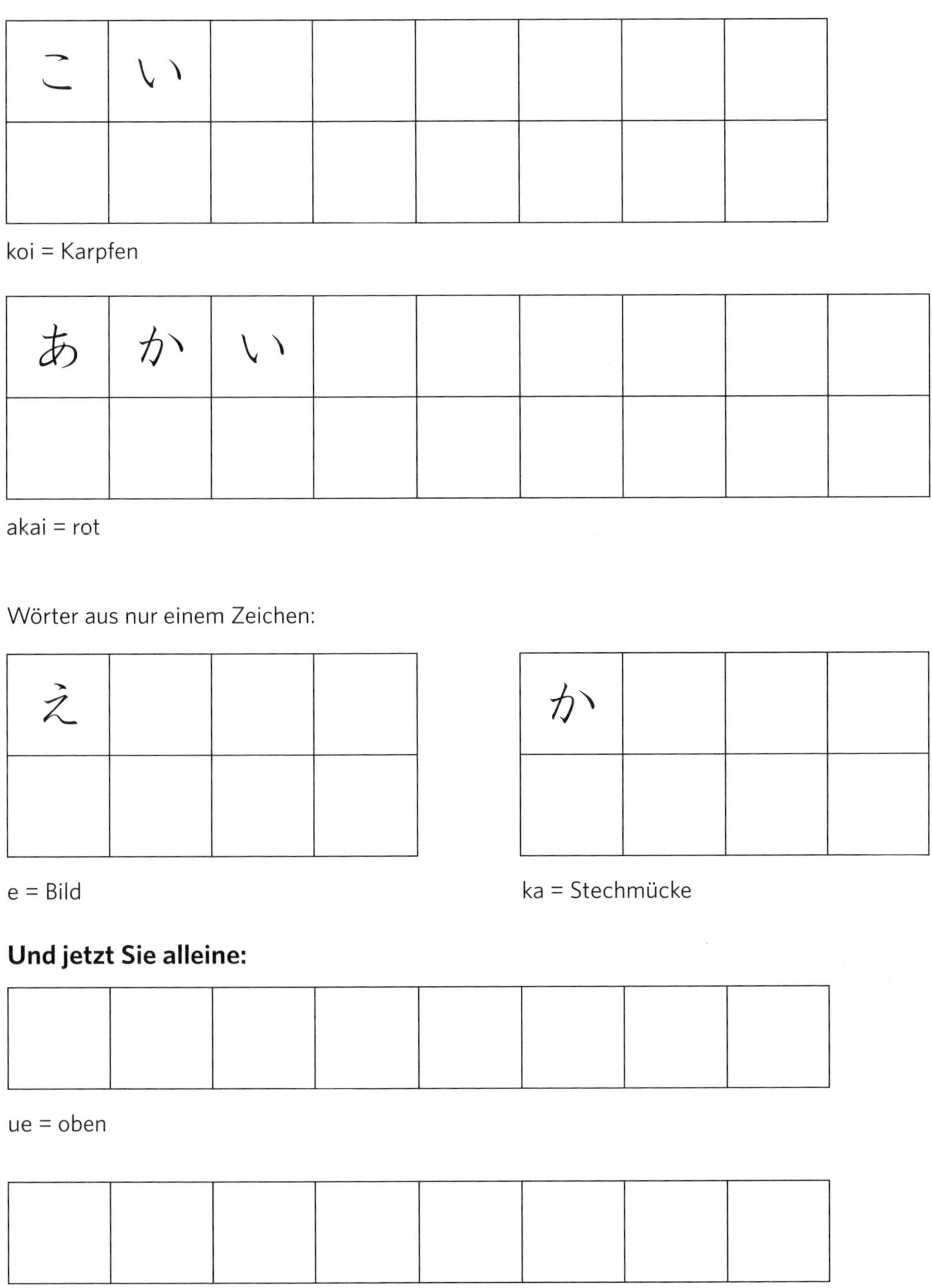

koi = Karpfen

akai = rot

Wörter aus nur einem Zeichen:

e = Bild

ka = Stechmücke

Und jetzt Sie alleine:

ue = oben

aki = Herbst

sa	さ	さ				
shi	し	し				
su	す	す				
se	せ	せ				
so	そ	そ				

ta	た	た			
chi	ち	ち			
tsu	つ	つ			
te	て	て			
to	と	と			

Wörter aus der sa- und ta-Reihe:

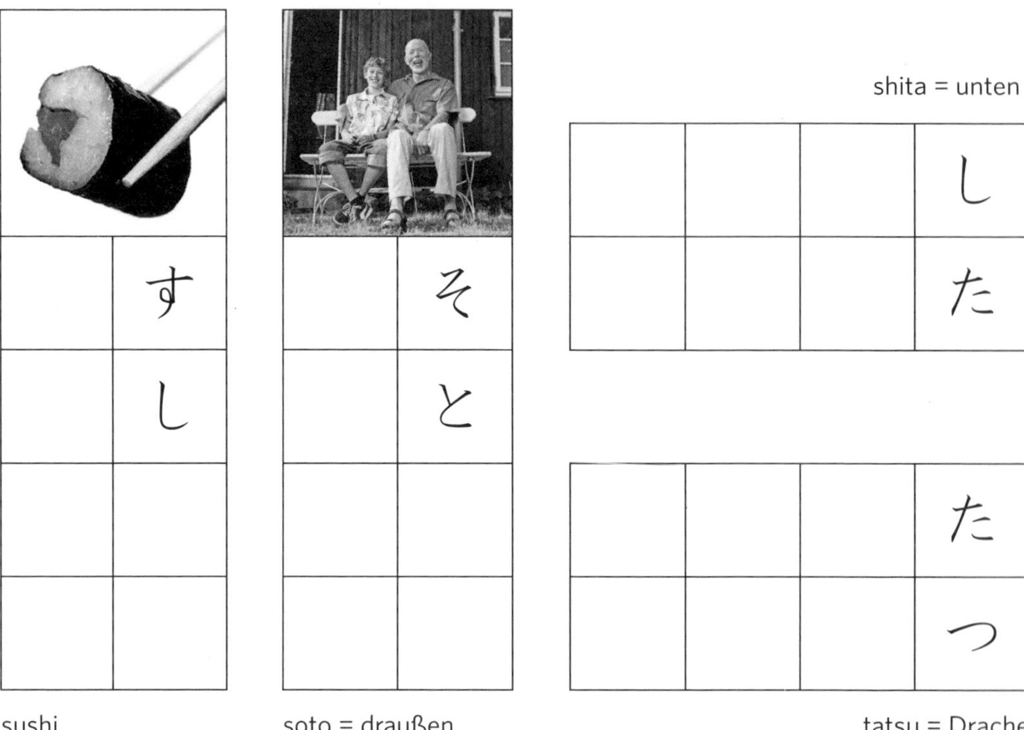

すし

sushi

そと

soto = draußen

した

shita = unten

たつ

tatsu = Drache

とし

toshi = Alter

さす

sasu = stechen

ち ち

chichi = eigener Vater

さ つ

satsu = Banknote

す そ

suso = Saum

Jetzt sind Sie wieder alleine dran.

tetsu = Eisen

ase = Schweiß

na	な	な			
ni	に	に			
nu	ぬ	ぬ			
ne	ね	ね			
no	の	の			

ha	は	は				
hi	ひ	ひ				
fu	ふ	ふ				
he	へ	へ				
ho	ほ	ほ				

Üben Sie jetzt mit Wörtern aus der na- und ha-Reihe.

hana = Blume

fune = Schiff

tsuna = Seil

な	に						

nani = was?

はは							
は	は						

haha = eigene Mutter

ぬ	の						

nuno = Stoff

ほ	ね						

hone = Knochen

Und jetzt wieder Sie alleine.

hifu = Haut

natsu = Sommer

ma	ま	ま				
mi	み	み				
mu	む	む				
me	め	め				
mo	も	も				

ya	や	や			
yu	ゆ	ゆ			
yo	よ	よ			

Jetzt üben Sie Wörter aus der ma- und ya-Reihe.

ひ	も						

himo = Band

ひ	ま						

hima = Freizeit

me = Auge

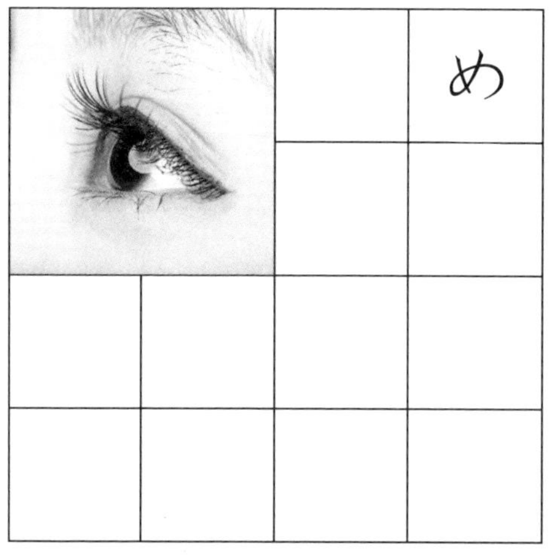

め

mimi = Ohr

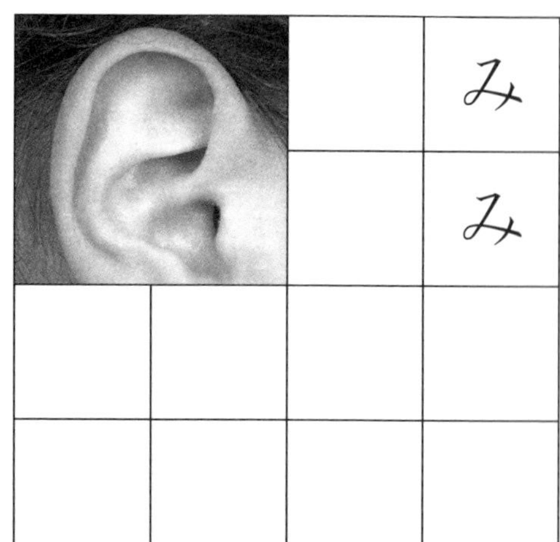

み

み

ゆ	め						

yume = Traum

む	ね						

mune = Brust

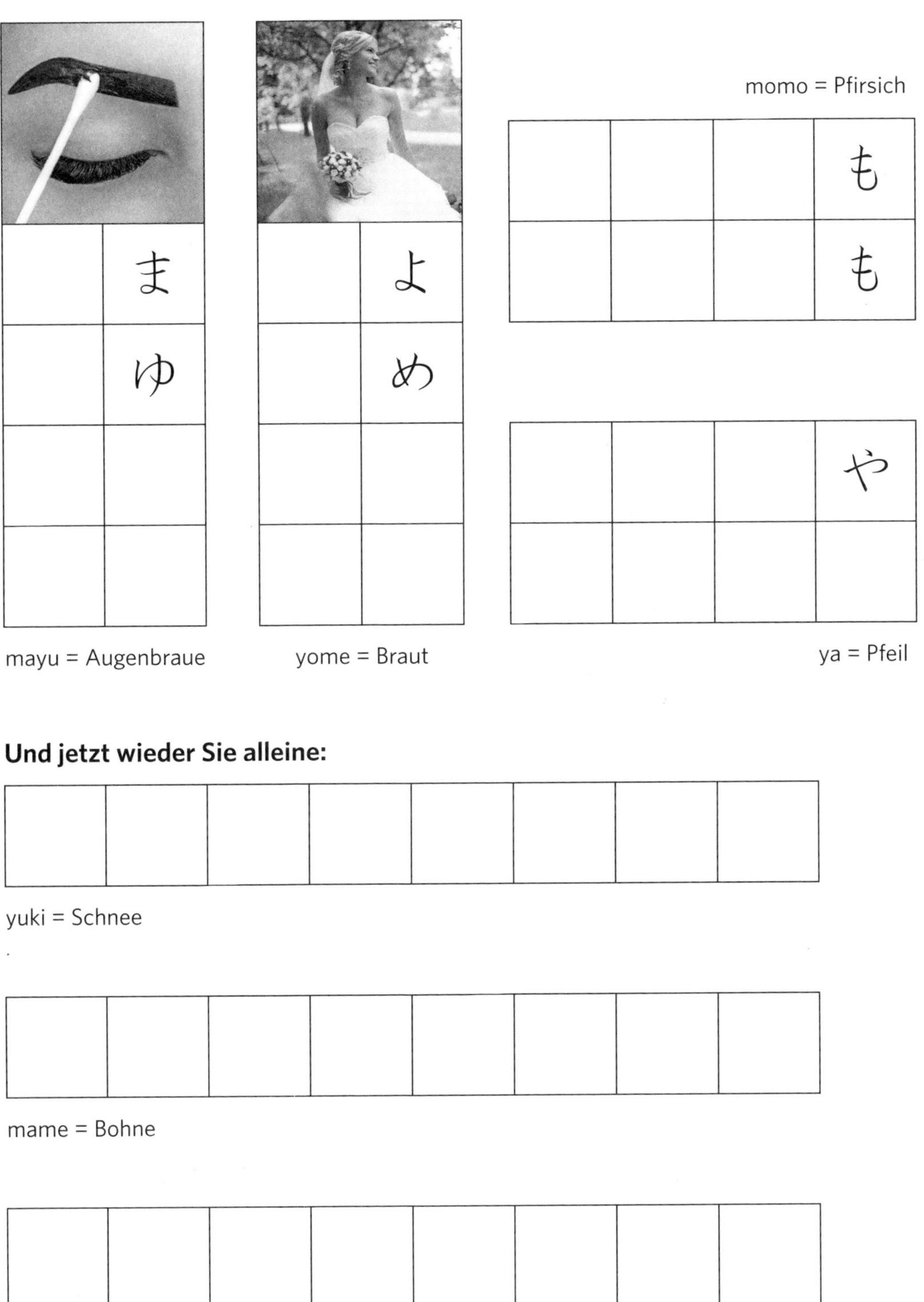

Und jetzt wieder Sie alleine:

yuki = Schnee

mame = Bohne

yama = Berg

ra	ら	ら				
ri	り	り				
ru	る	る				
re	れ	れ				
ro	ろ	ろ				

wa	わ	わ			
n	ん	ん			
o	を	を			

Üben Sie nun die letzten Zeichen kombiniert mit den anderen Zeichen.

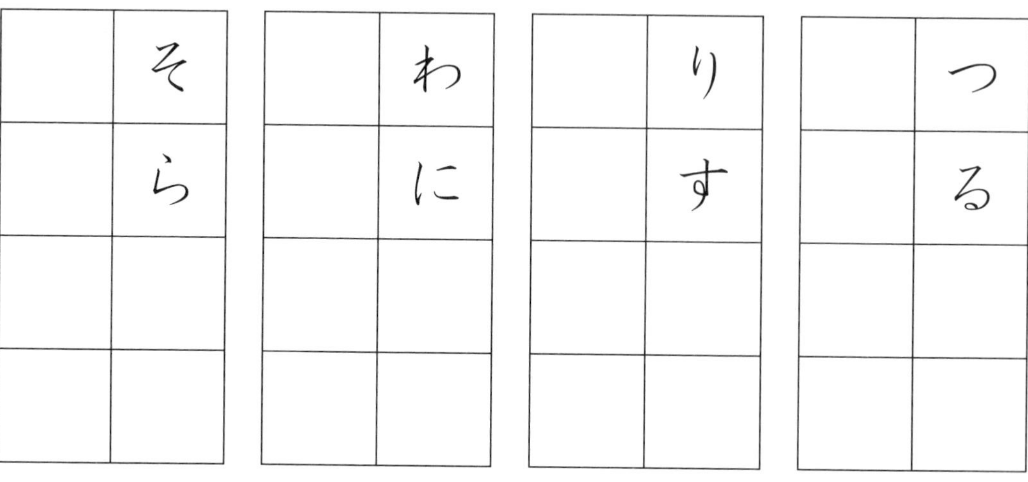

sora = Himmel   wani = Krokodil   risu = Eichhörnchen   tsuru = Kranich

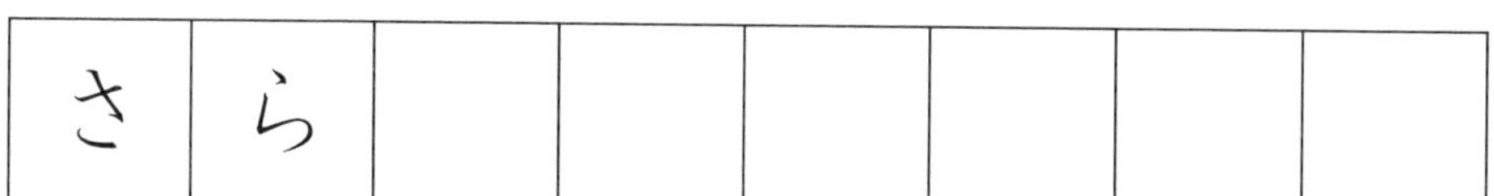

furo = japanisches Bad

さら

sara = Teller

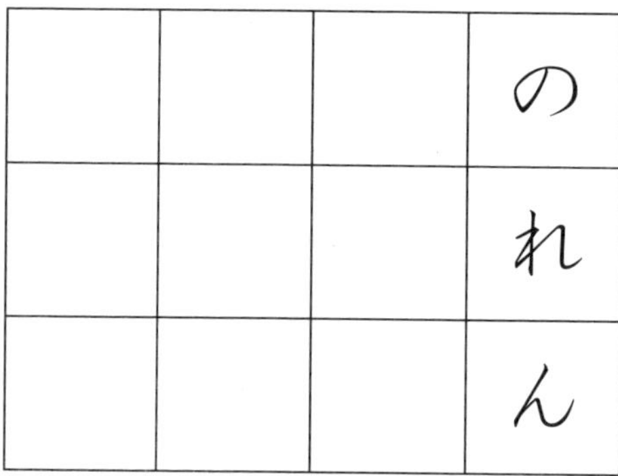

noren = japanischer Ladenvorhang

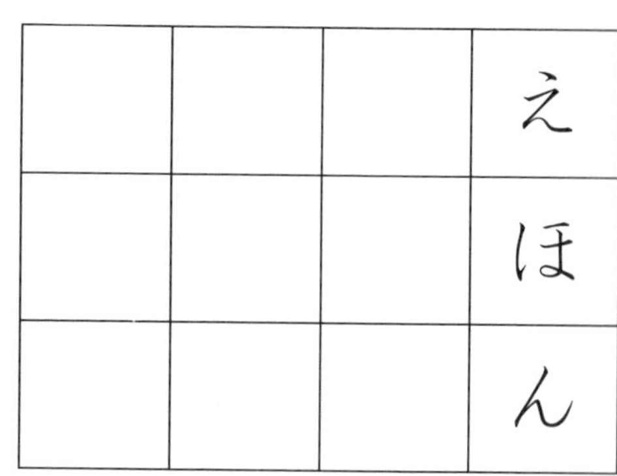

ehon = Bilderbuch

Und jetzt Sie alleine.

yoru = Nacht

rei = null

nori = Klebstoff

wakeru = teilen

onsen = heiße Quelle

rikon = Scheidung

wara = Stroh

1.3 Langvokale

Langvokale werden im Japanischen zum einen durch die Verdopplung des jeweiligen Vokals gebildet, so z.B.:

え	え						

ee = ja

い	い	え						

iie = nein

Oft ist der erste Vokal mit einem Konsonanten kombiniert, so z.B.:

お	か	あ	さ	ん					

okaasan = Mutter

お	に	い	さ	ん					

oniisan = älterer Bruder

Der Vokal „o“ wird nur in wenigen Ausnahmefällen mit einem zweiten „o“ gelängt, so z.B.:

お	お	さ	か				

Oosaka = (eine japanische Stadt)

お	お	い						

ooi = zahlreich

Meistens wird der Vokal „o“ durch ein nachfolgendes „u“ verdoppelt, so z.B.:

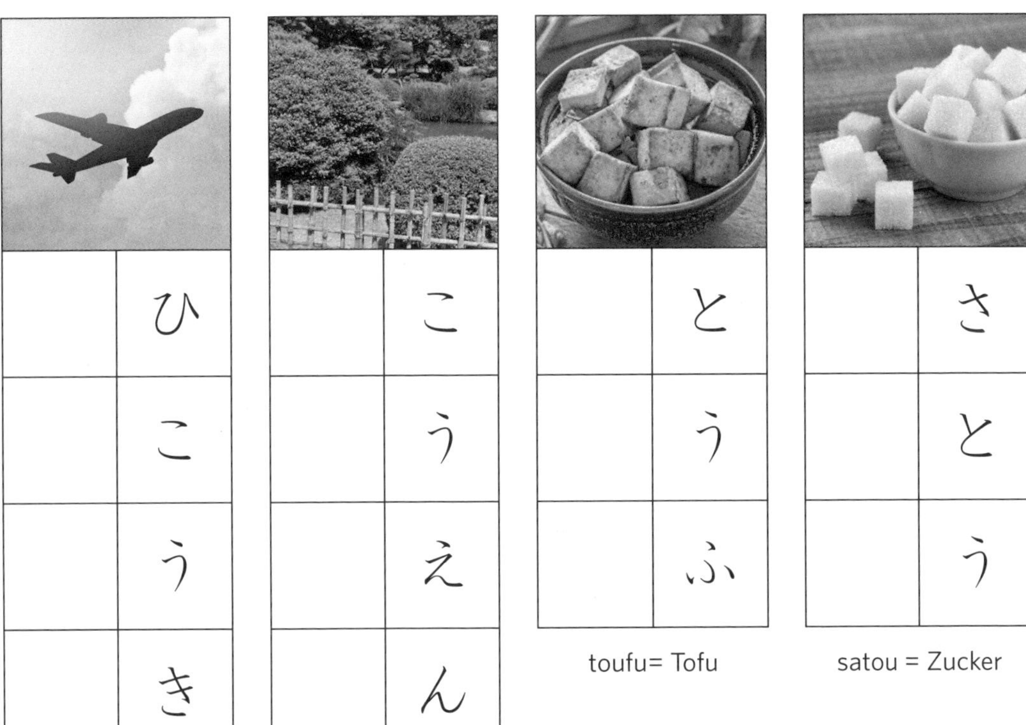

toufu= Tofu

satou = Zucker

hikouki = Flugzeug

kouen = Park

1.4 Die stimmhaften Laute

Durch zwei kurze Schrägstriche bzw. durch einen kleinen Kreis in der rechten oberen Ecke des betreffenden Zeichens können zusätzliche Silben gebildet werden.

が **ga**	ぎ **gi**	ぐ **gu**	げ **ge**	ご **go**
ざ **za**	じ **ji**	ず **zu**	ぜ **ze**	ぞ **zo**
だ **da**	(ぢ) **(ji)**	(づ) **(zu)**	で **de**	ど **do**
ば **ba**	び **bi**	ぶ **bu**	べ **be**	ぼ **bo**
ぱ **pa**	ぴ **pi**	ぷ **pu**	ぺ **pe**	ぽ **po**

Aus か ka wird が ga, aus さ sa wird ざ za und aus た ta wird so ein だ da.

Bei der ha-Reihe können sowohl Schrägstriche als auch ein kleiner runder Kreis verwendet werden.
Mit Schrägstrichen verändern sich „ha, hi, fu, he, ho" zu „ba, bi, bu, be, bo".
Mit kleinem Kreis werden aus ihnen die Silben „pa, pi, pu, pe, po".
Die in Klammern stehenden Zeichen (ぢ ji) und (づ zu) aus der ta-Reihe sind phonetisch identisch mit den Zeichen (じ ji) und (ず zu) aus der sa-Reihe.
Sie werden nur in wenigen Ausnahmefällen verwendet.

Üben Sie die stimmhaften Laute!

Die „inneren“ Striche werden übrigens immer zuerst geschrieben.

ga	が					
gi	ぎ					
gu	ぐ					
ge	げ					
go	ご					

za	ざ					
ji	じ					
zu	ず					
ze	ぜ					
zo	ぞ					

da	だ					
ji	ぢ					
zu	づ					
de	で					
do	ど					

ba	ば					
bi	び					
bu	ぶ					
be	べ					
bo	ぼ					

pa	ぱ					
pi	ぴ					
pu	ぷ					
pe	ぺ					
po	ぽ					

Üben Sie Wörter mit stimmhaften Lauten.

ふ	じ

fuji = Fuji(-Berg)

に	じ

niji = Regenbogen

ぶ	た

buta = Schwein

げ	た

geta = japanische Holzsandalen

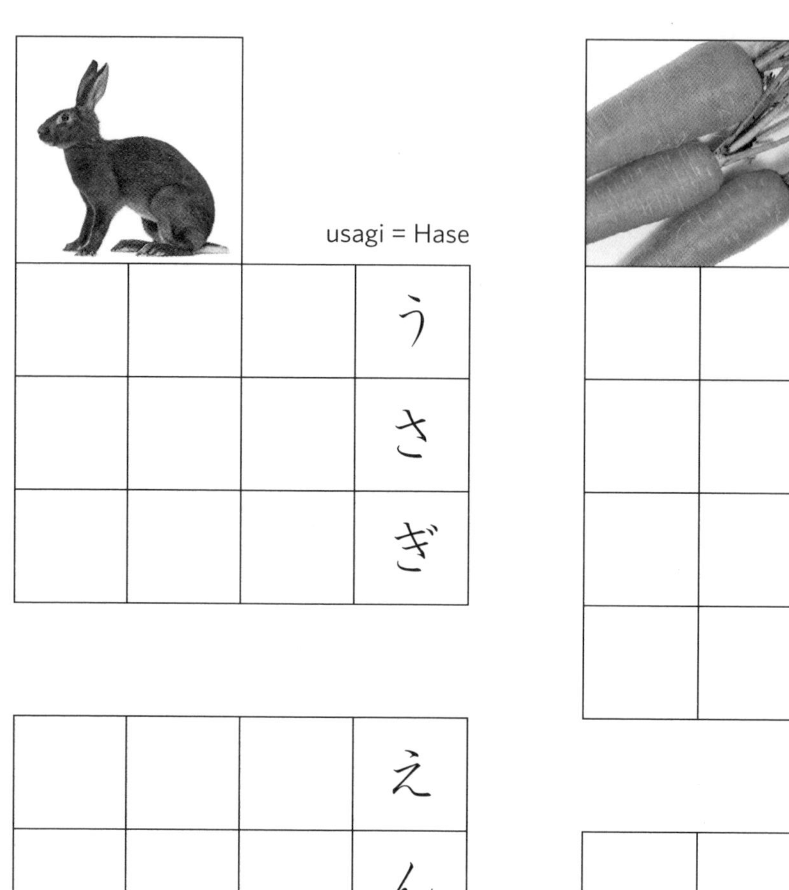

usagi = Hase

う
さ
ぎ

ninjin = Möhre

に
ん
じ
ん

え
ん
ぴ
つ

enpitsu = Bleistift

も
ぐ
ら

mogura = Maulwurf

ま	ど						

mado = Fenster

へ	び						

hebi = Schlange

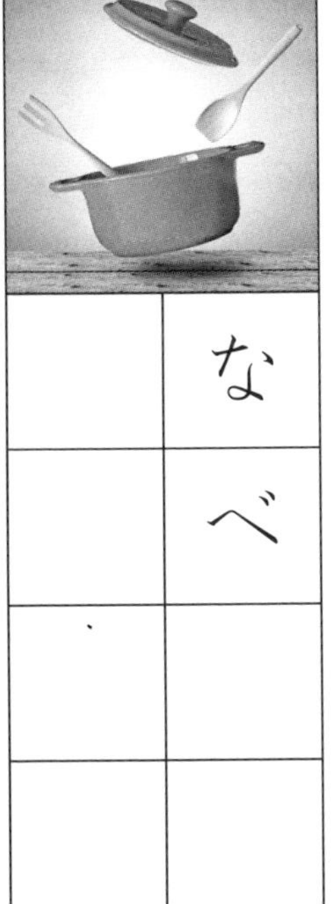

	な
	べ

nabe = Topf

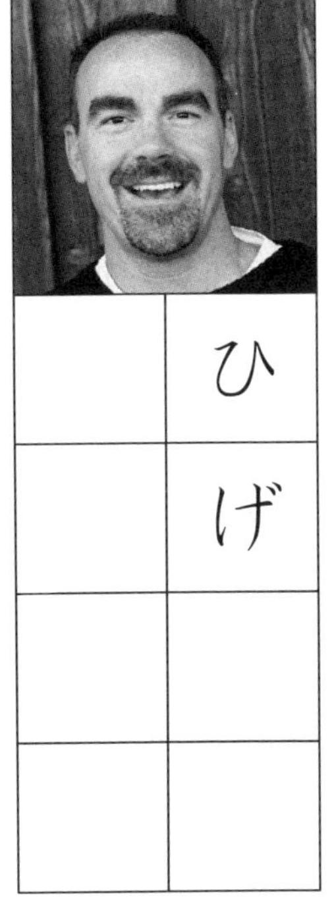

	ひ
	げ

hige = Bart

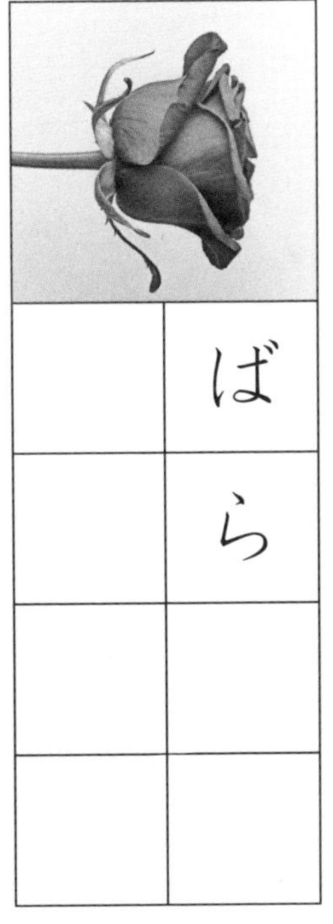

	ば
	ら

bara = Rose

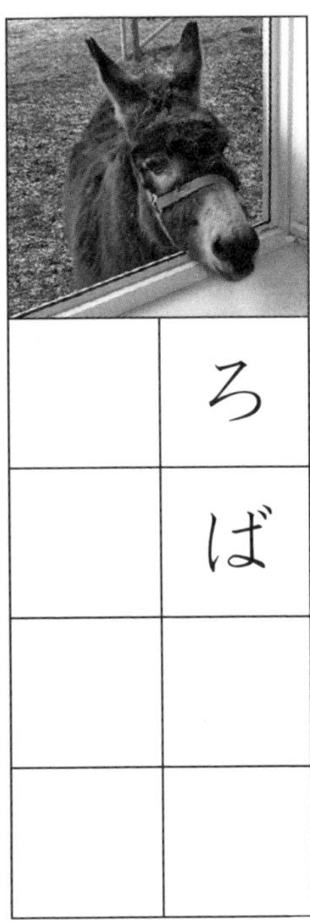

	ろ
	ば

roba = Esel

1.5 Die gebrochenen Laute

Silben aus der i-Reihe können gebrochen werden. Durch das Einfügen kleiner Silbenzeichen aus der Ya-Reihe wird aus „i" entweder „ya", „yu" oder „yo".
Wurden bislang alle aufgeführten Silben durch ein Schriftzeichen dargestellt, werden nun zwei Schriftzeichen unterschiedlicher Größe verwendet, um die folgenden Silben zu bilden.

きゃ kya	きゅ kyu	きょ kyo
しゃ sha	しゅ shu	しょ sho
ちゃ cha	ちゅ chu	ちょ cho
にゃ nya	にゅ nyu	にょ nyo
ひゃ hya	ひゅ hyu	ひょ hyo
みゃ mya	みゅ myu	みょ myo
りゃ rya	りゅ ryu	りょ ryo

ぎゃ gya	ぎゅ gyu	ぎょ gyo
じゃ ja	じゅ ju	じょ jo
びゃ bya	びゅ byu	びょ byo
ぴゃ pya	ぴゅ pyu	ぴょ pyo

kya	きゃ

kyu	きゅ

kyo	きょ

gya	ぎゃ

gyu	ぎゅ

gyo	ぎょ

sha	しゃ

shu	しゅ

sho	しょ

ja	じゃ

ju	じゅ

jo	じょ

cha	ちゃ

chu	ちゅ

cho	ちょ

nya	にゃ

nyu	にゅ

nyo	にょ

hya	ひゃ

hyu	ひゅ

hyo	ひょ

bya	びゃ

byu	びゅ

byo	びょ

pya	ぴゃ

pyu	ぴゅ

pyo	ぴょ

mya	みゃ

myu	みゅ

myo	みょ

rya	りゃ

ryu	りゅ

ryo	りょ

Die Position der kleinen Zeichen **ya**, **yu** und **yo** ändert sich je nach Schreibrichtung.

Bei waagerechter Schreibweise steht das kleine Zeichen links unten im Kästchen.

き	ょ	う						

Bei senkrechter Schreibweise dagegen steht das kleine Zeichen rechts oben im Kästchen.

								き
								ょ
								う

kyou = heute

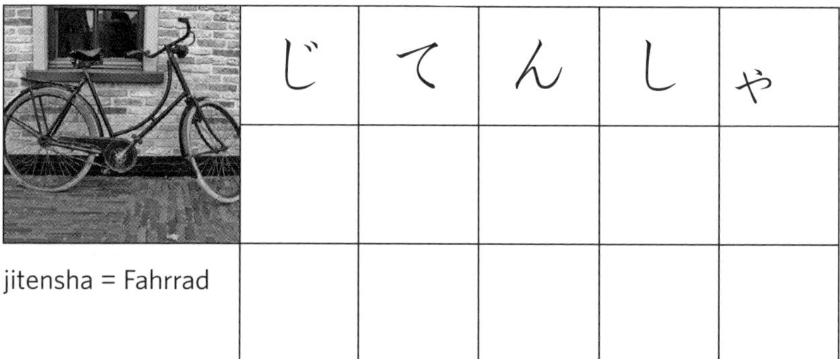

jitensha = Fahrrad

25	に	じ	ゅ	う	ご

nijuugo = 25

じ	ゃ	が	い	も

jagaimo = Kartoffel

に	ん	ぎ	ょ	う

ningyou = Puppe

こ	う	ち	ゃ				

koucha = schwarzer Tee

や	き	ゅ	う				

yakyuu = Baseball

ぎ	ゅ	う	に	ゅ	う

gyuunyuu = Milch

じ	ゅ	う

juu = 10

と	う	き	ょ	う

toukyou = Tokio

び	ょ	う	き

byouki = Krankheit

Jetzt sind Sie wieder alleine dran.

shousetsu = Roman

ryouri = kochen

chuugoku = China

1.6 Doppelkonsonanten

Ein kleingeschriebenes „tsu" っ wird als Hilfszeichen benutzt, um Doppelkonsonanten zu bilden. Es steht jeweils vor dem Konsonanten, der verdoppelt werden soll.

Achten Sie auch hier auf die Positionsänderung des „tsu" im Kästchen bei waagerechter oder senkrechter Schreibweise!

きって	きっぷ	みっつ	らっぱ
kitte = Briefmarke	kippu = Fahrkarte	mittsu = drei	rappa = Trompete

す	っ	ぱ	い				

suppai = sauer

け	っ	こ	ん				

kekkon = Heirat

せ	っ	け	ん				

sekken = Seife

ぶ	っ	き	ょ	う					

bukkyou = Buddhismus

と	っ	き	ゅ	う

tokkyuu = Schnellzug

ば	っ	き	ん

bakkin = Geldstrafe

Und jetzt wieder Sie alleine.

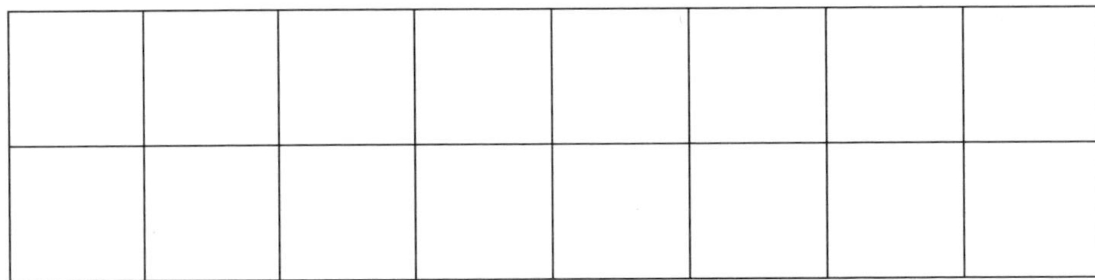

chotto = ein bisschen

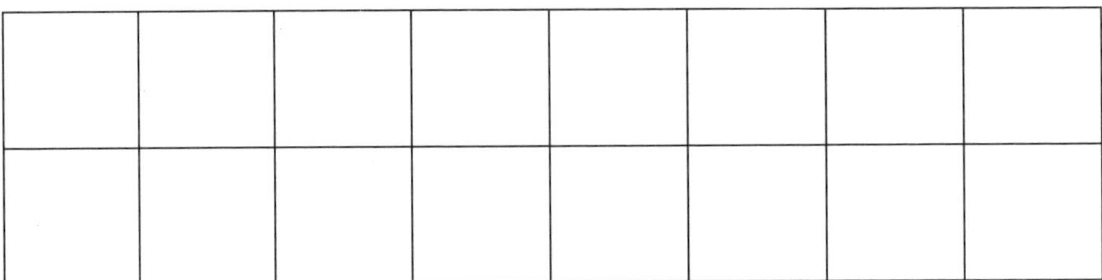

gakkari = enttäuscht

1.7 Die Partikeln *o*, *wa* und *e*

Die Partikel „o" を

を o ist phonetisch identisch mit dem o お aus der ersten Reihe (a i u e o-Reihe).
を kommt jedoch in sinntragenden Wörtern nicht vor und wird nur als grammatikalische Partikel verwendet, die oft das Akkusativobjekt kennzeichnet.

に	ん	じ	ん	を	た	べ	る	。

Ninjin **o** taberu. = (Ich) esse Möhren.
"Taberu" bedeutet "essen".

Die Partikel „wa" は

は ha wird „wa" gelesen, wenn es als Partikel verwendet wird.
Die Partikel „wa" は kennzeichnet meist das Thema des Satzes.

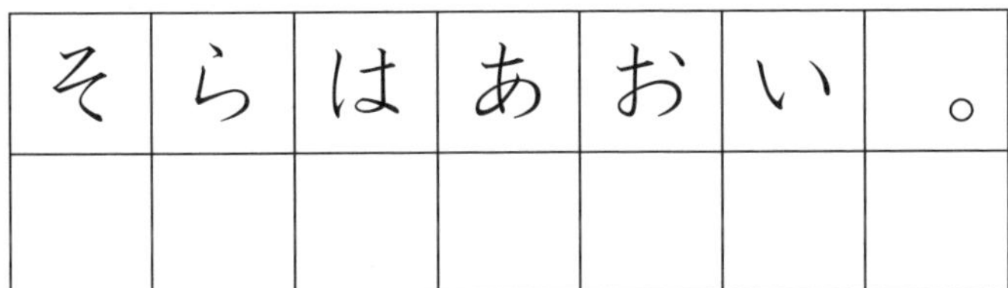

Sora **wa** aoi. = Der Himmel ist blau.

Die Partikel „e" へ

Die Partikel „e", geschrieben へ, ist eine Richtungspartikel.

お	お	さ	か	へ	い	く	。

Oosaka **e** iku. = (Ich) fahre nach Osaka.
"Iku" bedeutet "fahren/gehen".

Schreiben Sie die Grußfloskeln in Hiragana:

1. Hajimemashite. Yamada desu. Douzo yoroshiku. - Kochira koso douzo yoroshiku.

Das Satzschlusszeichen „maru“ setzt man rechts unten in ein eigenes Kästchen

2. Arigatou gozaimasu. - Dou itashimashite.

3. O-genki desu ka. - Ee, o-kage-sama de.

4. Tadaima. - O-kaeri.

5. Itte-kimasu. - Itte-rasshai.

6. Itadaki-masu. - Go-chisou-sama.

Auf Deutsch:

1. Ich heiße Yamada. Sehr erfreut. - Ebenfalls sehr erfreut.
2. Vielen Dank. - Keine Ursache.
3. Wie geht es Ihnen? - Danke der Nachfrage.
4. Da bin ich wieder! - Willkommen daheim.
5. Ich gehe jetzt. - Komm gut zurück.
6. Danke schön für das Essen. - Das war ein tolles Essen.

Übrigens: Im Japanischen benutzt man keine Fragezeichen und keine Ausrufezeichen.

Suchen Sie die Wörter!

hachiji
sensei
kouban
nijihan
ebi
asa
iie
uta
doubutsu
sumimasen
chigaimasu
shitsurei shimasu

く	と	ほ	に	む	を	は	え	そ	て	ぬ	あ	さ	ゆ
せ	か	じ	あ	い	ひ	す	み	ま	せ	ん	ろ	ん	こ
の	は	こ	よ	い	け	む	し	な	ち	く	う	ね	お
ん	じ	ぬ	う	え	も	え	び	ち	り	わ	た	ま	し
ぶ	や	き	あ	ば	ろ	ら	も	が	え	れ	ぱ	つ	と
ぬ	て	せ	び	む	ん	た	ぢ	い	べ	あ	れ	す	ぽ
た	か	ん	だ	い	ぜ	く	を	ま	ふ	い	り	お	ぶ
ば	り	せ	る	ね	ど	ち	う	す	し	み	ぜ	こ	き
ぞ	を	い	ふ	ど	う	ぶ	つ	ま	り	る	え	で	ぬ
め	れ	す	ぼ	え	て	や	す	ぴ	け	ぺ	は	ち	じ

Übersetzungen

hachiji	*8 Uhr*
ebi	*Krabbe*
doubutsu	*Tier*
sensei	*Lehrer, -in*
asa	*Morgen*
sumimasen	*Entschuldigung*
kouban	*Polizeistation*
iie	*nein*
chigaimasu	*Das stimmt nicht.*
nijihan	*halb drei*
uta	*Lied*
shitsurei shimasu	*Es tut mir leid.*

1.8 Glückwünsche auf Japanisch

Schreiben Sie eine Neujahrskarte und eine Geburtstagskarte auf Japanisch.

Statt Weihnachtskarten verschickt man in Japan 年賀状 (nengajou = Neujahrskarten), diese jedoch zahlreich.
Oft ist auf den Neujahrskarten bereits das chinesische Tierkreiszeichen des neuen Jahres zu finden.
Sowohl das chinesische Neujahr als auch der Beginn des neuen Tierkreises richten sich nach dem Mondkalender. In Japan beginnt jedoch das Neujahr am 1. Januar wie bei uns.
„Frohes neues Jahr" heißt auf Japanisch „あけましておめでとうございます",
„akemashite omedetou gozaimasu".
Das müssten Sie jetzt problemlos schreiben können.
Hier finden Sie ein Beispiel für das Jahr 2019, für das Jahr des Schweins.

Das passende Tierkreiszeichen für das entsprechende Jahr können Sie der folgenden Tabelle entnehmen. Außerdem können Sie nachsehen, in welchem Jahr Sie selbst geboren sind. Es kann durchaus sein, dass Sie in Japan danach gefragt werden, denn es ist eine diskrete Art, nach Ihrem Alter zu fragen.

Ratte ねずみ	1960	1972	1984	1996	2008	2020	2032
Rind うし	1961	1973	1985	1997	2009	2021	2033
Tiger とら	1962	1974	1986	1998	2010	2022	2034
Hase うさぎ	1963	1975	1987	1999	2011	2023	2035
Drache たつ	1964	1976	1988	2000	2012	2024	2036
Schlange へび	1965	1977	1989	2001	2013	2025	2037
Pferd うま	1966	1978	1990	2002	2014	2026	2038
Schaf ひつじ	1967	1979	1991	2003	2015	2027	2039
Affe さる	1968	1980	1992	2004	2016	2028	2040
Hahn とり	1969	1981	1993	2005	2017	2029	2041
Hund いぬ	1970	1982	1994	2006	2018	2030	2042
Wildschwein いのしし	1971	1983	1995	2007	2019	2031	2043

„Geburtstag" heißt auf Japanisch たんじょうび (tanjoubi). Ist nicht der eigene, sondern der Geburtstag des Gegenübers gemeint, wird noch das Höflichkeitspräfix „o" vorangestellt, also おたんじょうび (o-tanjoubi).
Herzlichen Glückwunsch zum Geburtstag heißt dann
おたんじょうびおめでとうございます (o-tanjoubi omedetou gozaimasu).
Hier finden Sie ein Beispiel für eine Geburtstagskarte:

2. Katakana

2.1 Allgemeines zu Katakana

Die Silbenschrift Katakana wurde im 9. Jahrhundert etwas später als die Hiragana von Mönchen als Kurzschrift für buddhistische Texte entwickelt.
Heute wird die Schrift vorwiegend für Fremdwörter, hauptsächlich Anglizismen, und ausländische Namen benutzt. So können neue Begriffe direkt in die japanische Sprache integriert werden, ohne sie in chinesische Schriftzeichen übertragen zu müssen.

Sicherlich fragen Sie sich, warum es überhaupt nötig ist, noch eine weitere Schrift zu verwenden im Japanischen.
Tatsächlich ist das japanische Schriftsystem eines der kompliziertesten der Welt. Das liegt jedoch vor allem an den chinesischen Schriftzeichen, den Kanji, zu denen wir später noch kommen werden.
Die Katakana dagegen sind nicht nur einfach zu schreiben, sondern eröffnen Ihnen - solange Sie über einige Englischkenntnisse verfügen - gleich ein umfassendes Grundvokabular, das sich z.B. Chinesischlernende schwer erarbeiten müssen.
In einem japanischen Satz erkennt man Fremdwörter und ausländische Namen sofort an der Schrift.
Manchmal muss man raten, worum es sich wohl handeln könnte, da alle Begriffe und Namen japanisiert klingen und teilweise abgekürzt werden.
Aber oft erschließt sich das Wort, wenn Sie es ein paar Mal vor sich hinsprechen.
Lassen Sie sich von der lateinischen Umschrift nicht irritieren, denn diese sieht oft sehr anders aus als das Originalwort, weil es manche Silben im Japanischen gar nicht gibt, so z.B. den Konsonanten „l". „London" wird im Japanischen zu „Rondon".

Viele ausländische Gerichte, Lebensmittel, Früchte, Gemüse und Getränke etc. werden mit Katakana geschrieben, so z. B.:

kokoa ココア Kakao oder kiui キウイ Kiwi

Auch Werkzeuge und Begriffe aus der Technik sind oft Fremdwörter:

gia ギア gear Schaltung (Auto)

Des Weiteren wurden im Bereich der Philosophie, der Medizin und Psychologie etc. zahlreiche Begriffe aus der Originalsprache übernommen:

ego エゴ Ego

Das Gleiche gilt für die Bereiche Sport, Mode und Kosmetik.
In den meisten Fällen gibt es keine japanische Entsprechung, wie z.B. bei der Modefarbe

khaki カーキ kāki

Manchmal gibt es aber eine mindestens genauso gute original japanische Entsprechung, so dass ein Fremdwort gar nicht nötig wäre.
Die zunehmende Verwendung von Anglizismen im Japanischen ist - wie auch im Deutschen - zum Teil Geschmacksache und sprecherabhängig.

Besonderheiten bei der Schreibweise der Katakana

Anders als bei den Hiraganazeichen werden bei der Katakana Langvokale nicht durch Vokalverdopplung, sondern durch einen waagerechten Strich ausgedrückt.

bīru ビール Bier

Auch bei der lateinischen Umschrift „Romaji" werden Langvokale mit einem waagerechten Längungsstrich über dem jeweiligen Vokal geschrieben:

burū ブルー blau　　kōhī コーヒー Kaffee

Geografische Namen und Personennamen aus Ländern, die Schriftzeichen verwenden, wie z.B. China und Korea, werden meist aus der Originalsprache übernommen, aber japanisch ausgesprochen.
So heißt China 中国 , die chinesische Lesung lautet „zhōngguó", auf Japanisch heißt China jedoch „chuugoku".

Andere ausländische Namen werden mit Katakana geschrieben.

kuêkā クエーカー Quäker　　myurā ミュラー Müller

Außerdem gibt es bei den Katakanazeichen noch einige Tricks, die es ermöglichen, neue Silbenkombinationen zu schaffen und so der Aussprache insbesondere ausländischer Namen besser gerecht zu werden.
Vielleicht haben Sie schon verzweifelt versucht, Ihren eigenen Namen in Katakana zu schreiben?!
Schauen Sie sich einmal die Tabelle mit den Sonderzeichen an, vielleicht hilft Sie Ihnen weiter.
Nach manchen Konsonanten , z.B. „l" , aber auch nach Umlauten werden Sie jedoch vergeblich suchen. Da hilft nur ein Kompromiss.
Doppelkonsonanten werden genauso gebildet wie bei den Hiraganazeichen, jedoch mit dem kleinen Katakana - „tsu" (siehe auch Hinweis auf Seite 60):

sakkā サッカー Fußball (soccer)　　poketto ポケット Tasche (pocket)

2.2 Katakana-Tabelle

Hier finden Sie eine Übersicht der Katakana-Schriftzeichen. Diese Tabelle ist eingeteilt in klare und gebrochene Laute.

klare Laute					**gebrochene Laute**		
ア a	イ i	ウ u	エ e	オ o			
カ ka	キ ki	ク ku	ケ ke	コ ko	キャ kya	キュ kyu	キョ kyo
サ sa	シ shi	ス su	セ se	ソ so	シャ sha	シュ shu	ショ sho
タ ta	チ chi	ツ tsu	テ te	ト to	チャ cha	チュ chu	チョ cho
ナ na	ニ ni	ヌ nu	ネ ne	ノ no	ニャ nya	ニュ nyu	ニョ nyo
ハ ha	ヒ hi	フ fu	ヘ he	ホ ho	ヒャ hya	ヒュ hyu	ヒョ hyo
マ ma	ミ mi	ム mu	メ me	モ mo	ミャ mya	ミュ myu	ミョ myo
ヤ ya		ユ yu		ヨ yo			
ラ ra	リ ri	ル ru	レ re	ロ ro	リャ rya	リュ ryu	リョ ryo
ワ wa	ン n			ヲ o			

Durch zwei kurze Schrägstriche bzw. durch einen kleinen Kreis in der rechten oberen Ecke des betreffenden Zeichens können zusätzliche Silben gebildet werden.

stimmhafte Laute					**gebrochene Laute**		
ガ ga	ギ gi	グ gu	ゲ ge	ゴ go	ギャ gya	ギュ gyu	ギョ gyo
ザ za	ジ ji	ズ zu	ゼ ze	ゾ zo	ジャ ja	ジュ ju	ジョ jo
ダ da	ヂ ji	ヅ zu	デ de	ド do			
バ ba	ビ bi	ブ bu	ベ be	ボ bo	ビャ bya	ビュ byu	ビョ byo
パ pa	ピ pi	プ pu	ペ pe	ポ po	ピャ pya	ピュ pyu	ピョ pyo

2.3 Neue zusätzliche Laute

Mit neuen Katakana-Kombinationen kann die Aussprache von Fremdwörtern genauer wiedergegeben werden.

	a	i	u	e	o	Beispielworte
ch				チェ che		チェコ *Czech*
d		ディ di	デュ dyu ドゥ du			デュッセルドルフ *Düsseldorf*
f	ファ fa	フィ fi	フュ fyu	フェ fe	フォ fo	フュッセン *Füssen*
gw	グァ gwa					グァテマラ *Guatemala*
j				ジェ je		ジェニー *Jenny*
kw	クァ kwa	クィ kwi		クェ kwe	クォ kwo	クォーター (wie im englischen Wort *Quarter*)
sh				シェ she		シェフ *Chef*
t		ティ ti	テュ tyu トゥ tu			パーティー *Party*
ts	ツァ tsa	ツィ tsi		ツェ tse	ツォ tso	モーツァルト *Mozart*
v	ヴァ va	ヴィ vi	ヴ vu ヴュ vyu	ヴェ ve	ヴォ vo	ヴィーナス *Venus*
w		ウィ wi		ウェ we	ウオ wo	ウィーン *Wien*
y				イェ ye		イェルサレム *Jerusalem*
z		ズィ zi				ズィー *Sie*

Einige Katakana werden Ihnen sehr bekannt vorkommen, da sie fast genauso aussehen wie das entsprechende Hiragana, nur insgesamt etwas eckiger.
Auf den folgenden Seiten lernen Sie die ersten Katakana, und Sie werden feststellen, dass sich manche Zeichen ähneln, beispielsweise das shi シ und das tsu ツ. Hier ist die Strichrichtung sehr wichtig.

2.4 Die klaren Laute

a	ア	ア			
i	イ	イ			
u	ウ	ウ			
e	エ	エ			
o	オ	オ			

ka	カ	カ			
ki	キ	キ			
ku	ク	ク			
ke	ケ	ケ			
ko	コ	コ			

Üben Sie nun die ersten Katakana-Wörter.

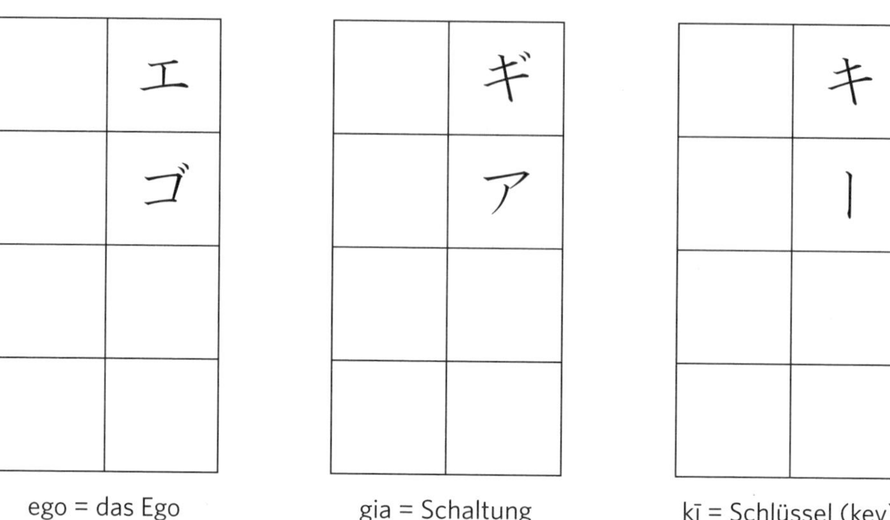

ego = das Ego

gia = Schaltung (gear)

kī = Schlüssel (key)

コ	コ	ア						

kokoa = Kakao

キ	ウ	イ						

kiui = Kiwi

カ	ー	キ						

kāki = Khaki

Achtung: Wie beim Hiragana gibt es auch im Katakana Silbenzeichen, sie sehen aber anders aus: ャ ya, ュ yu und ョ yo (vgl. Seite 42) und ッ „tsu“ (vgl. Seite 46). Wie beim Hiragana ändert sich ihre Position je nach Schreibrichtung:
Bei waagerechter Schreibweise steht das kleine Zeichen links unten im Kästchen. Bei senkrechter Schreibweise dagegen steht das kleine Zeichen rechts oben im Kästchen.

Auf den folgenden Seiten werden Sie immer wieder auch auf Wörter mit diesen Silbenzeichen stoßen.

Zusammengesetzte Wörter werden durch ・ zusammengehalten.

エ	ア	・	カ	ー	ゴ

ea ・ kāgo = Luftfracht (air cargo)

ク	イ	ッ	ク				

kuikku = schnell (quick)

ゲ	イ						

gei = schwul (gay)

ク	エ	ー	カ	ー

kuēkā = Quäker

sa	サ	サ			
shi	シ	シ			
su	ス	ス			
se	セ	セ			
so	ソ	ソ			

ta	タ	タ			
chi	チ	チ			
tsu	ツ	ツ			
te	テ	テ			
to	ト	ト			

Neue Wörter zum Üben!

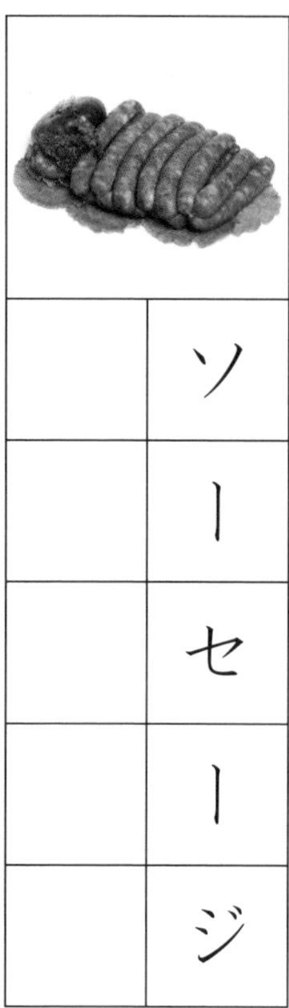

ソーセージ

sōsēji = Wurst

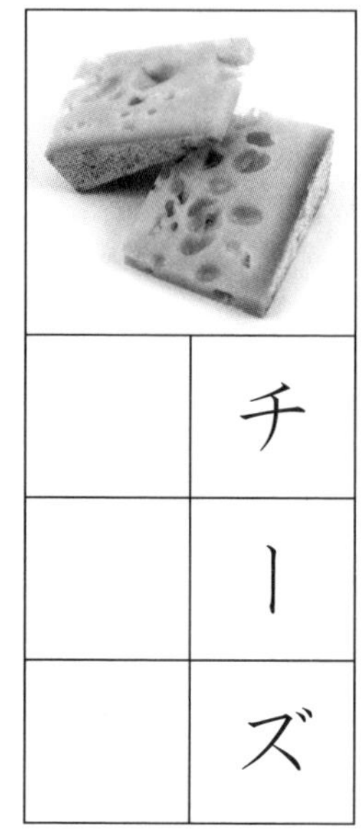

チーズ

chīzu = Käse

クッキー

kukkī = Keks

テ	ス	ト

tesuto = Test

ア	ー	キ	テ	ク	チ	ャ	ー

ākitekuchā = Architektur

ス	タ	ー	タ	ー					

sutātā = Anlasser

サ	ー	カ	ス				

sākasu = Zirkus

ウ	ィ	ス	キ	ー					

wisukī = whisky

ク	ー	ラ	ー				

kūrā = Klimaanlage

ト	ー	ス	タ	ー					

tōsutā = Toaster

na	ナ	ナ			
ni	ニ	ニ			
nu	ヌ	ヌ			
ne	ネ	ネ			
no	ノ	ノ			

ha	ハ	ハ			
hi	ヒ	ヒ			
fu	フ	フ			
he	ヘ	ヘ			
ho	ホ	ホ			

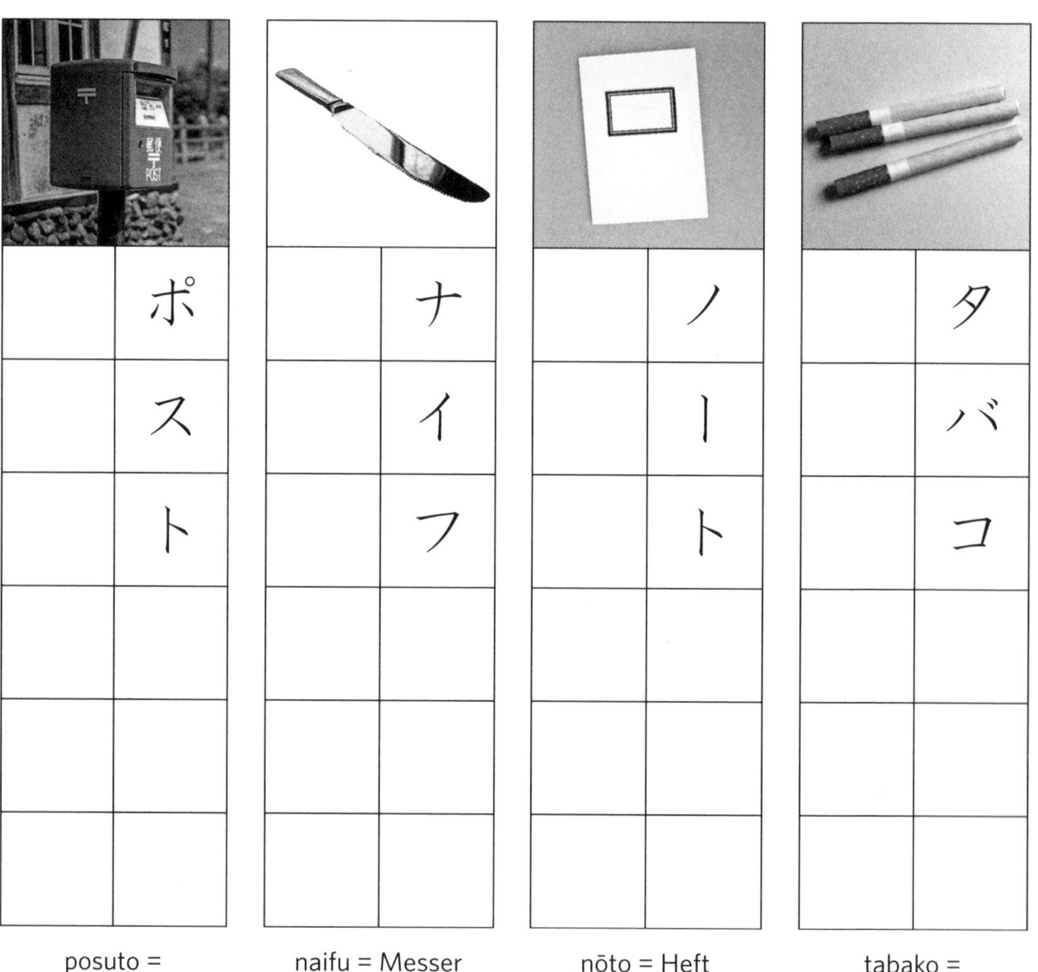

posuto = Briefkasten

naifu = Messer

nōto = Heft

tabako = Tabak, Zigaretten

ピ	ー	ナ	ッ	ツ

pīnattsu = Erdnüsse

ネ	ク	タ	イ				

nekutai = Krawatte

ソ	フ	ト	ウ	ェ	ア

sofutowea = Software

サ	ウ	ナ						

sauna = Sauna

ビ	デ	オ						

bideo = Video

ma	マ	マ			
mi	ミ	ミ			
mu	ム	ム			
me	メ	メ			
mo	モ	モ			

ya	ヤ	ヤ			
yu	ユ	ユ			
yo	ヨ	ヨ			

Lesen und schreiben Sie die Wörter nach.

peshimisuto = Pessimist

ペ	シ	ミ	ス	ト					

konyakku = Cognac

コ	ニ	ャ	ッ	ク					

massāji = Massage

		マ
		ッ
		サ
		ー
		ジ

kyabetsu = Kohl

		キ
		ャ
		ベ
		ツ

menyū = Speisekarte

		メ
		ニ
		ュ
		ー

Und jetzt Sie alleine.

hōmushikku = Heimweh

maiku = Mikrofon

jazu = Jazz

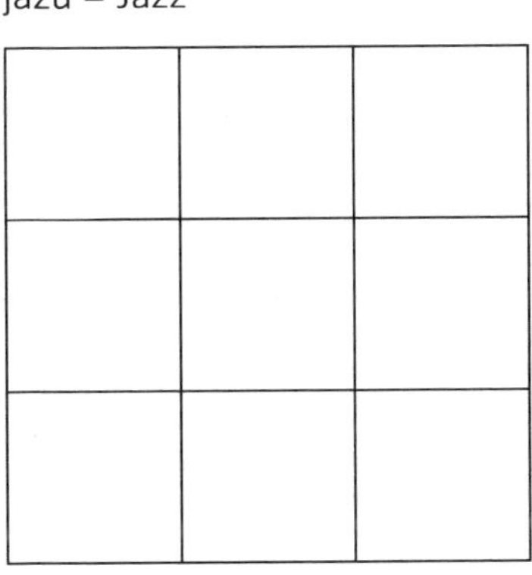

yoga = Yoga

kyasshu · kādo = Geldautomatenkarte

ra	ラ	ラ			
ri	リ	リ			
ru	ル	ル			
re	レ	レ			
ro	ロ	ロ			

wa	ワ	ワ			
n	ン	ン			
o	ヲ	ヲ			

Verkehrsmittel in Katakana

ヘ	リ	コ	プ	タ	ー

herikoputā = Hubschrauber

バ	ス				

basu = Bus

タ	ク	シ	ー

takushī = Taxi

ヨ	ッ	ト						

yotto = Yacht

モ	ー	タ	ー	ボ	ー	ト

mōtābōto = Motorboot

Weitere Wörter in Katakana.

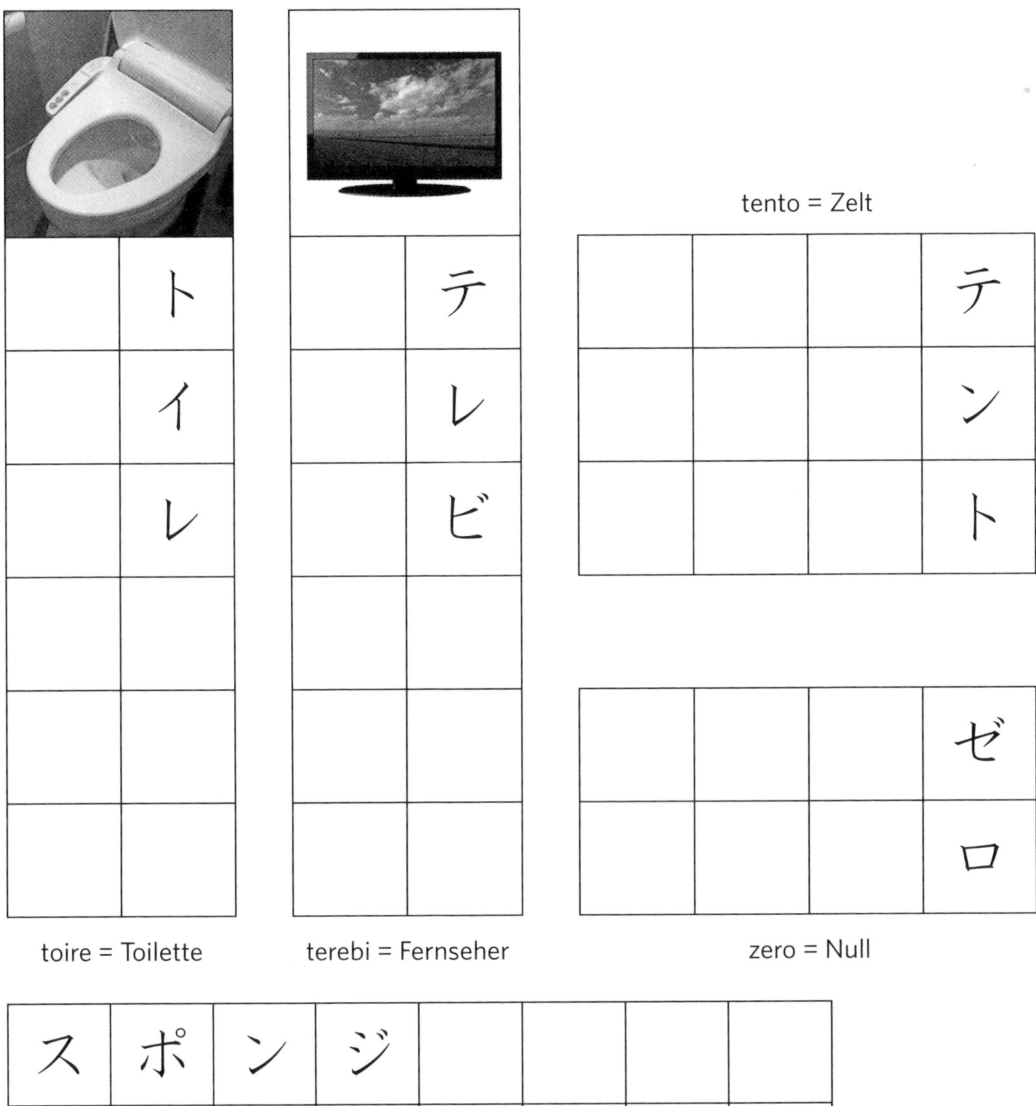

toire = Toilette

terebi = Fernseher

tento = Zelt

zero = Null

ス	ポ	ン	ジ				

suponji = Schwamm

チ	ャ	ン	ス				

chansu = Chance

プ	レ	ゼ	ン	ト					

purezento = Geschenk

Und jetzt Sie wieder alleine.

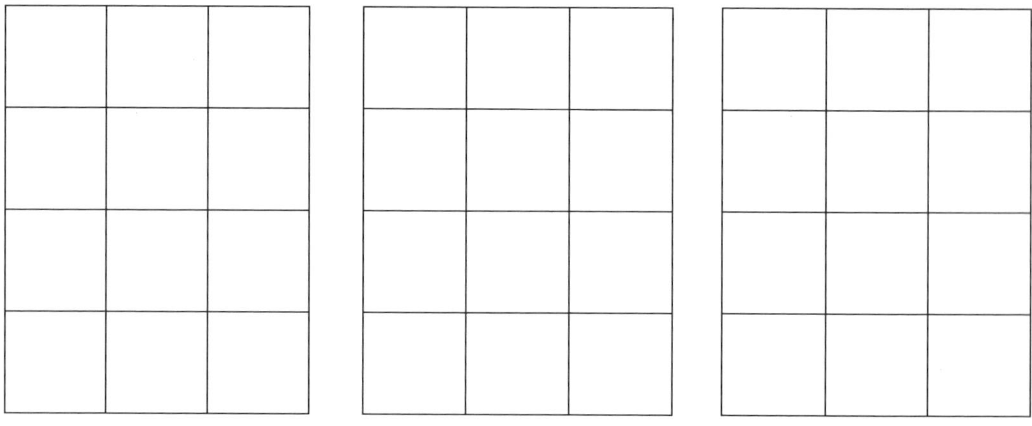

sukāfu = Schal

pengin = Pinguin

burōchi = Brosche

2.5 Die stimmhaften Laute

ga	ガ					
gi	ギ					
gu	グ					
ge	ゲ					
go	ゴ					

za	ザ					
ji	ジ					
zu	ズ					
ze	ゼ					
zo	ゾ					

da	ダ					
ji	ヂ					
zu	ヅ					
de	デ					
do	ド					

ba	バ					
bi	ビ					
bu	ブ					
be	ベ					
bo	ボ					

pa	パ					
pi	ピ					
pu	プ					
pe	ペ					
po	ポ					

Ländernamen in Katakana

		ド
		イ
		ツ

doitsu = Deutschland

		ス
		イ
		ス

suisu = Schweiz

オ	ー	ス	ト	リ	ア

ōsutoria = Österreich

igirisu = England

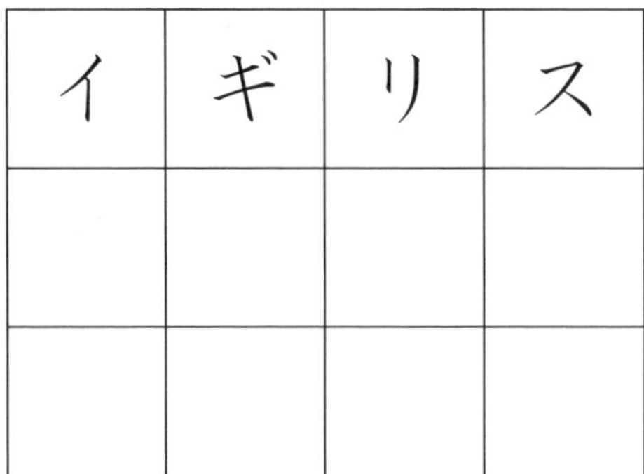

amerika = Amerika

ア	メ	リ	カ

supein = Spanien

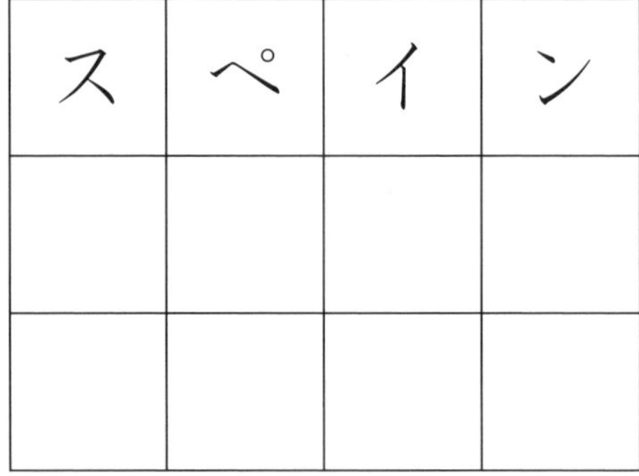

denmāku = Dänemark

デ	ン	マ	ー	ク

itaria = Italien

furansu = Frankreich

oranda = Holland

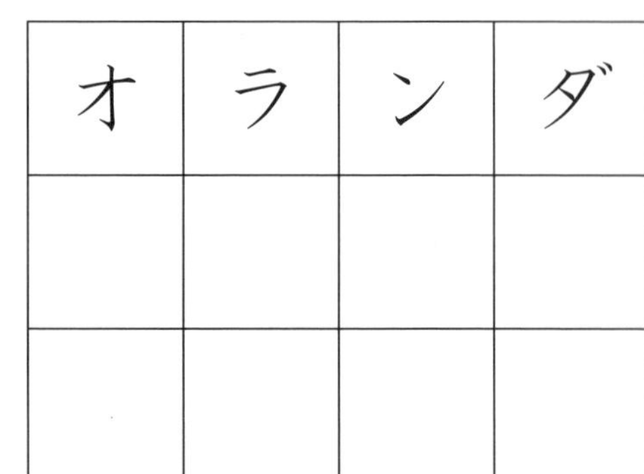

porutogaru = Portugal

ポ	ル	ト	ガ	ル

Lebensmittel

pan = Brot

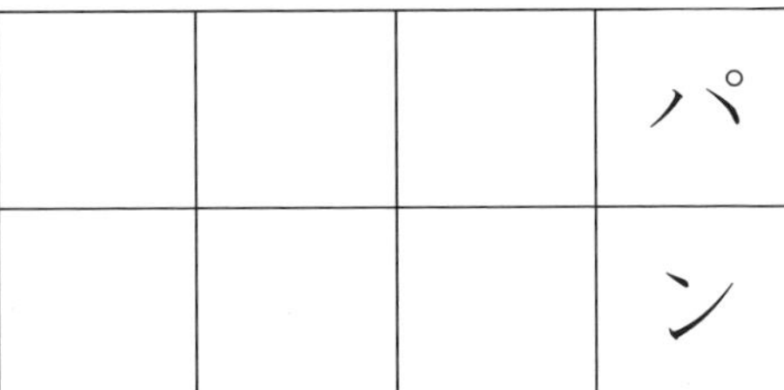

kēki = Kuchen

ケーキ

sarada = Salat

サラダ

chokorēto = Schokolade

チョコレート

aisukurīmu = Eiskrem

アイスクリーム

masshurūmu = Pilze

マッシュルーム

Und jetzt Sie wieder alleine:

yōguruto = Yoghurt

kyandi = Bonbons

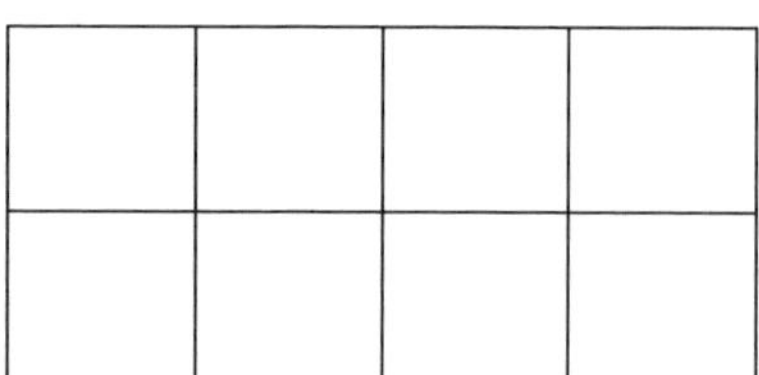

hanbāgā = Hamburger

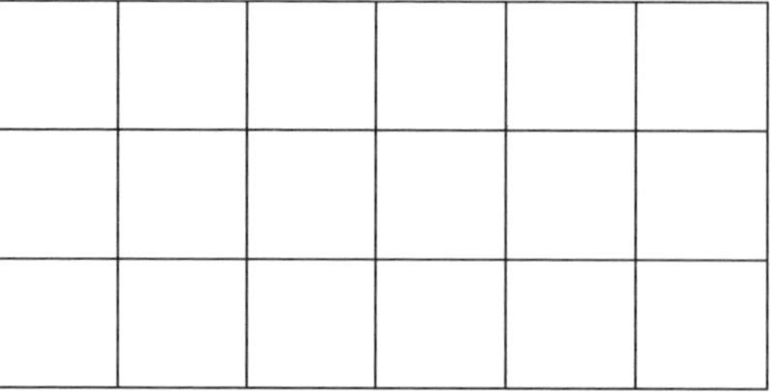

mayonēzu = Mayonnaise

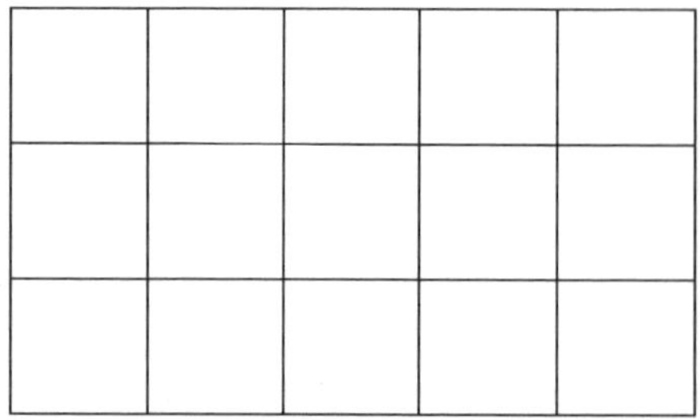

2.6 Die gebrochenen Laute

kya	キャ	kyu	キュ	kyo	キョ

gya	ギャ	gyu	ギュ	gyo	ギョ

sha	シャ	shu	シュ	sho	ショ

ja	ジャ	ju	ジュ	jo	ジョ

cha	チャ

chu	チュ

cho	チョ

nya	ニャ

nyu	ニュ

nyo	ニョ

hya	ヒャ

hyu	ヒュ

hyo	ヒョ

bya	ビャ

byu	ビュ

byo	ビョ

pya	ピャ

pyu	ピュ

pyo	ピョ

mya	ミャ

myu	ミュ

myo	ミョ

rya	リャ

ryu	リュ

ryo	リョ

Obst

banana = Banane

バ
ナ
ナ

remon = Zitrone

meron = Melone

メ
ロ
ン

apurikotto = Aprikose

ア
プ
リ
コ
ッ
ト

painappuru = Ananas

パイナップル

nekutarin = Nektarine

ネクタリン

mango = Mango

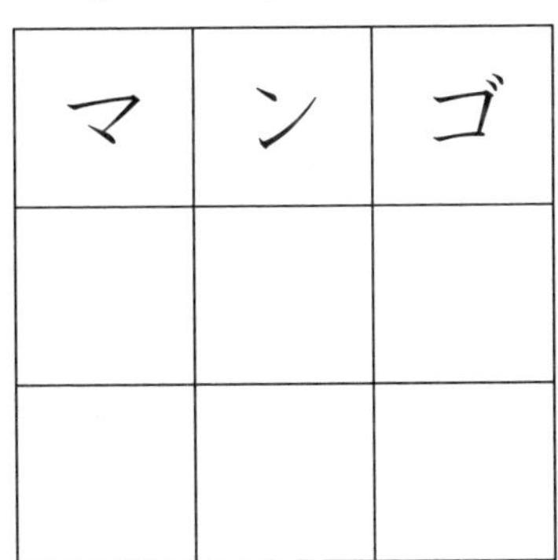

orenji = Orange

オレンジ

razuberī = Himbeere

ラズベリー

puramu = Pflaume

プラム

Gemüse

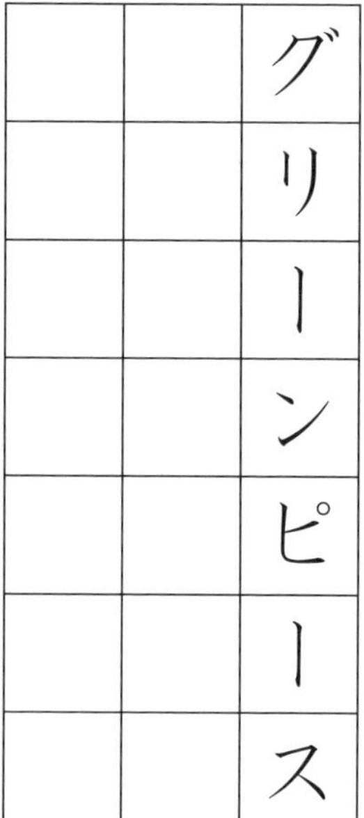

gurīnpīsu = Erbsen

suītokōn = Zuckermais

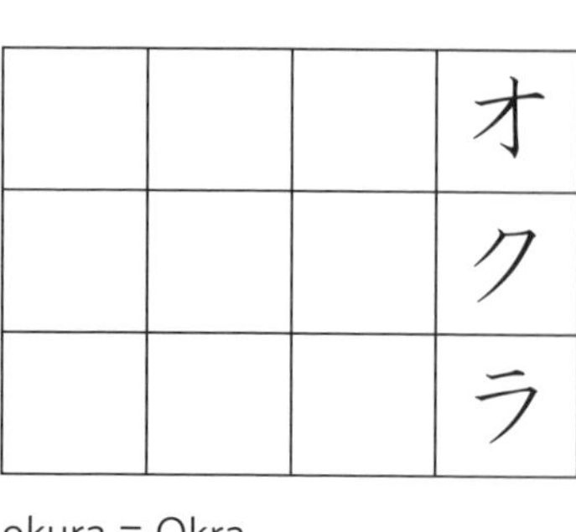

okura = Okra

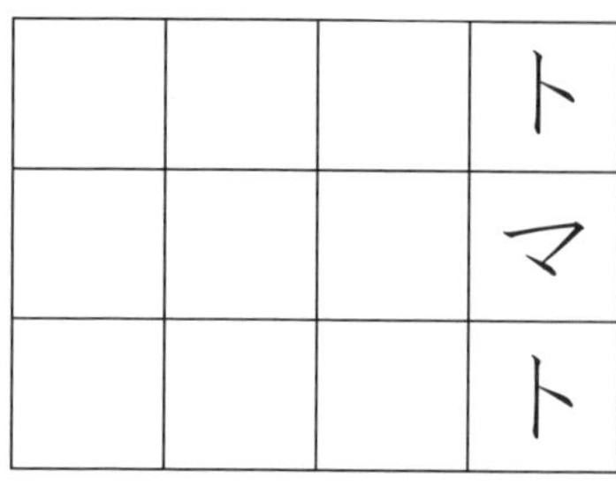

tomato = Tomate

asuparagasu = Spargel

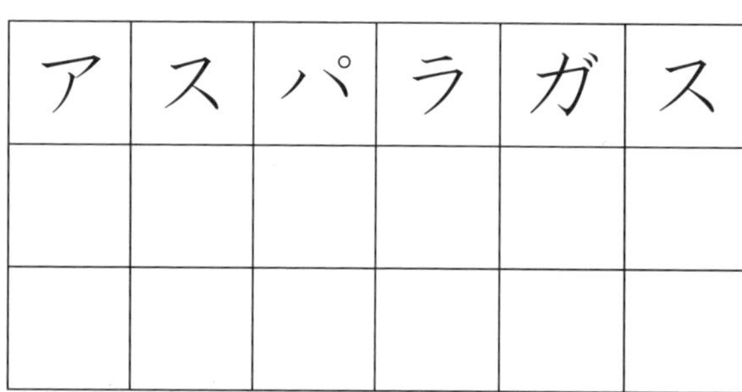

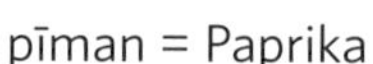

pīman = Paprika

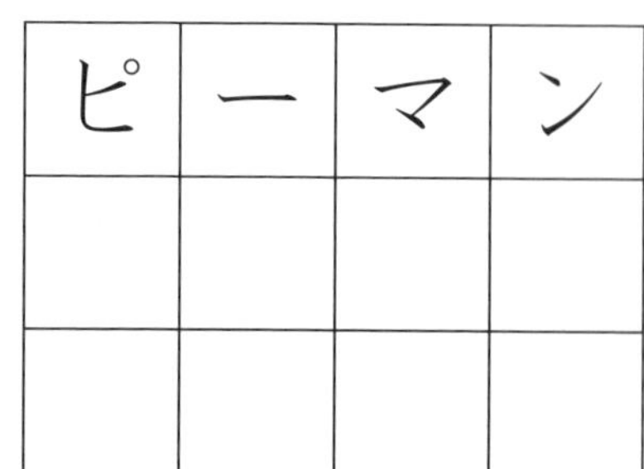

karifurawā = Blumenkohl

serorī = Sellerie

セ	ロ	リ	ー

zukkīni = Zucchini

ズ	ッ	キ	ー	ニ

retasu = Eisbergsalat

レ	タ	ス

Getränke

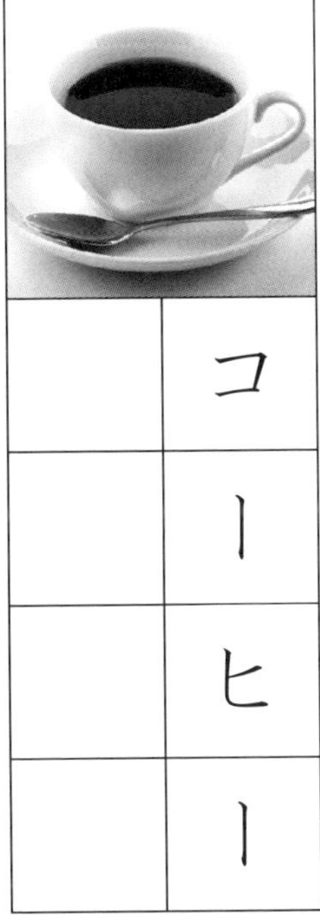

	コ
	ー
	ヒ
	ー

kōhī = Kaffee

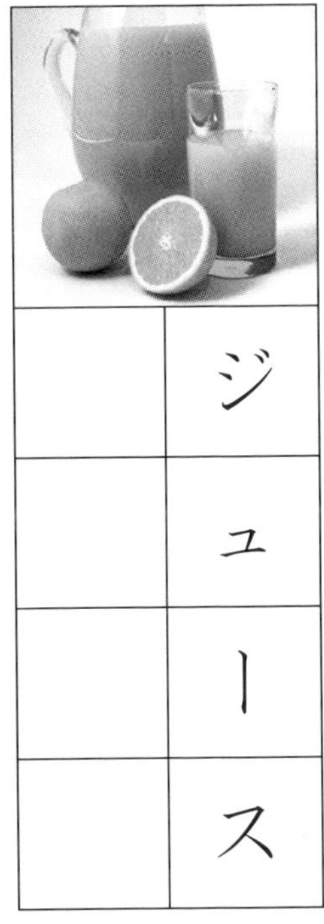

	ジ
	ュ
	ー
	ス

jūsu = Saft

	ビ
	ー
	ル

bīru = Bier

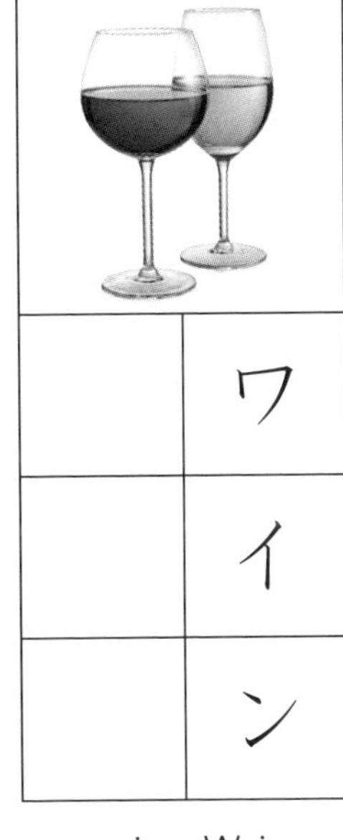

	ワ
	イ
	ン

wain = Wein

koka-kōra = Coca-Cola®

コ	カ	・	コ	ー	ラ

miruku = Milch

ミ	ル	ク

rikyūru = Likör

リ	キ	ュ	ー	ル

wisukī = Whisky

ウ	ィ	ス	キ	ー

Und jetzt Sie wieder alleine.

shanpan = Champagner

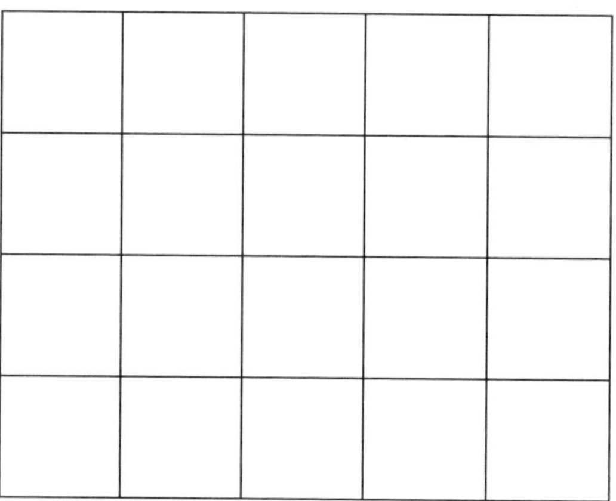

kakuteru = Cocktail

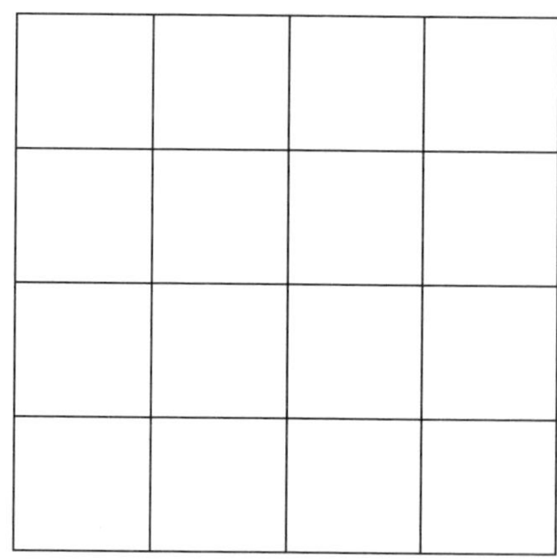

Berufe

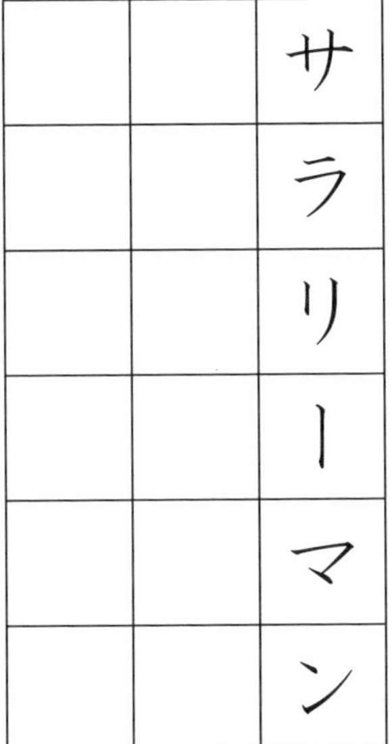

sararīman = Angestellter

マネージャー

manējā = Manager

マネキン

manekin = Mannequin

メーカー

mēkā = Hersteller

kameraman = Fotograf

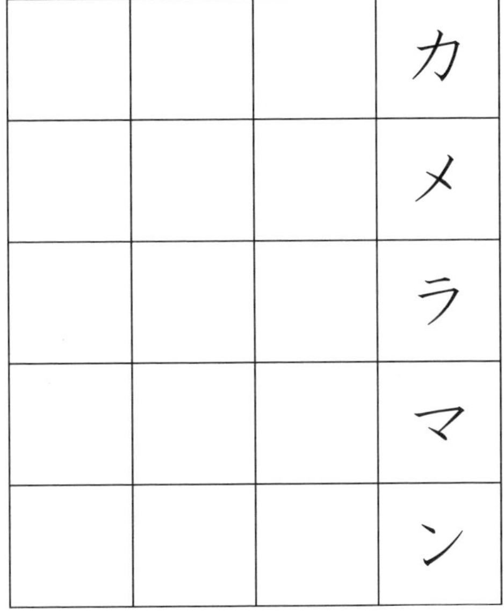

pairotto = Pilot

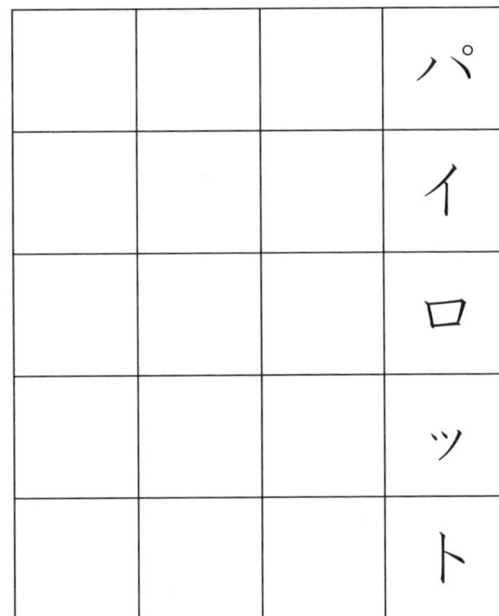

jānarisuto = Journalist

pianisuto = Pianist

enjinia = Ingenieur

エンジニア

bijinesuman = Geschäftsmann

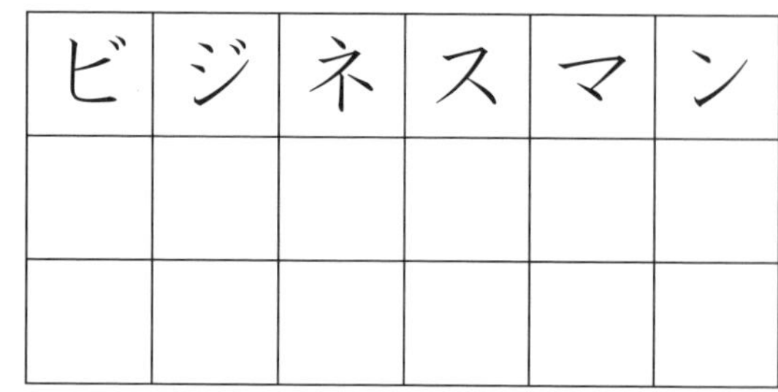

Musikinstrumente

piano = Klavier

ピアノ

horun = Horn

ホルン

kurarinetto = Klarinette

クラリネット

kontorabasu = Kontrabass

コントラバス

chero = Cello

チェロ

baiorin = Geige

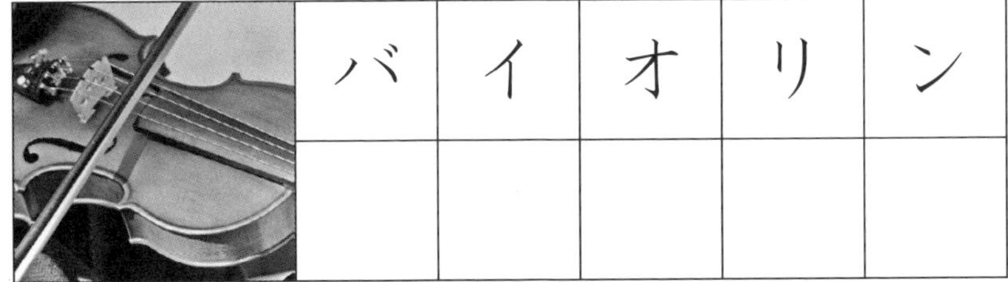

バイオリン

ōboe = Oboe

オーボエ

gitā = Gitarre

ギター

furūto = Flöte

フルート

hāpu = Harfe

ハープ

Sportarten

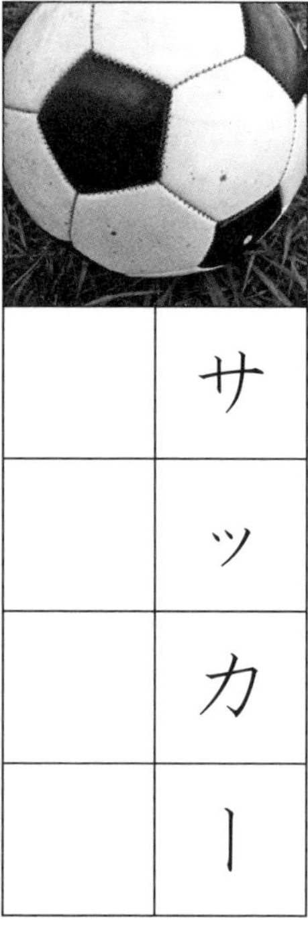

サッカー

sakkā = Fußball

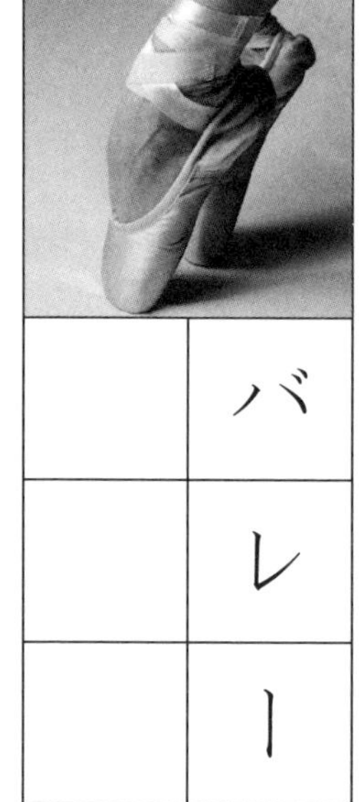

バレー

barē = Ballett

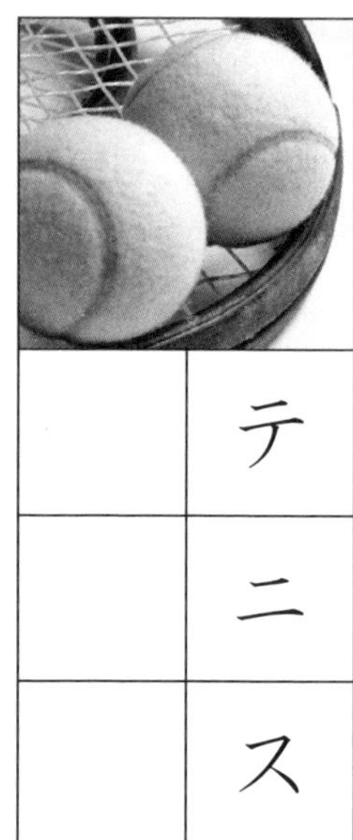

テニス

tenisu = Tennis

バドミントン

badominton = Badminton

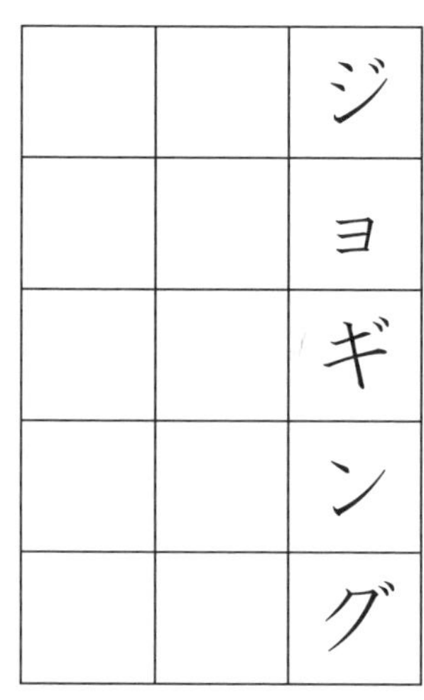

ジョギング

jogingu = Jogging

サイクリング

saikuringu = Fahrradfahren

basukettobōru = Basketball

	バ	ス	ケ	ッ	ト	ボ	ー	ル

gorufu = Golf

ゴ	ル	フ

sukī = Skifahren

ス	キ	ー

dansu = Tanzen

ダ	ン	ス

bokushingu = Boxen

ボ	ク	シ	ン	グ					

Kleidung

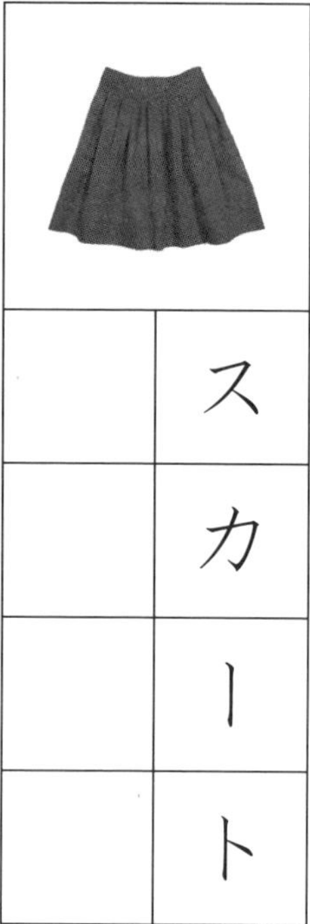

sukāto = Rock

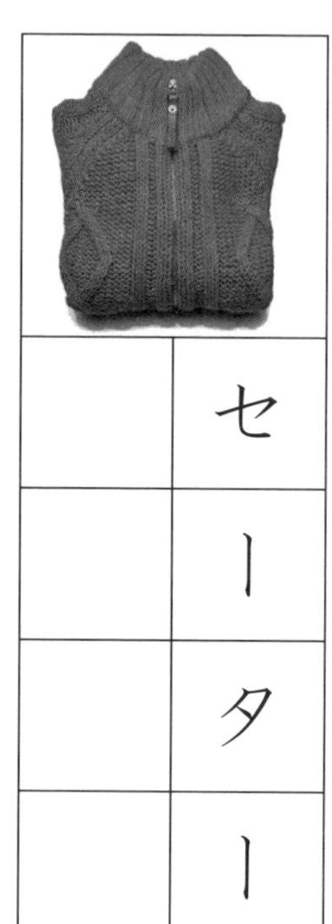

sētā = Pullover

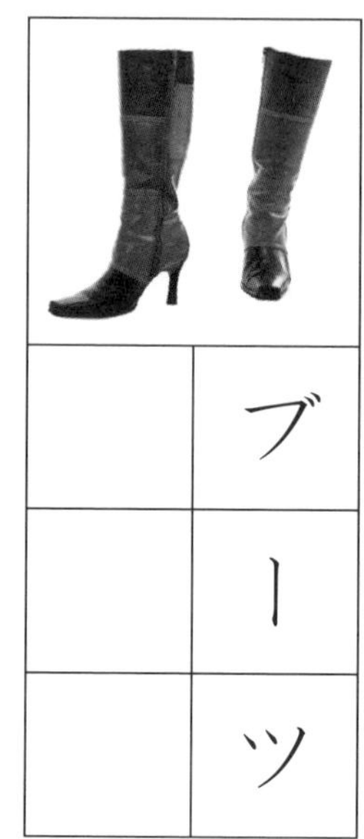

būtsu = Stiefel

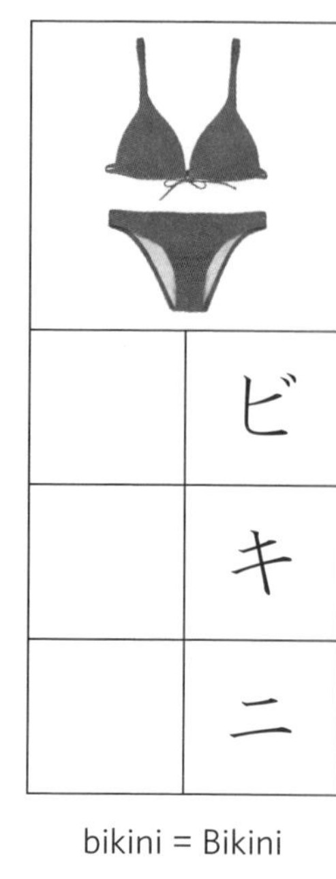

bikini = Bikini

sandaru = Sandalen

サ	ン	ダ	ル

sokkusu = Socken

ソ	ッ	ク	ス

wanpīsu = Kleid

ワ	ン	ピ	ー	ス

kōto = Mantel

コ	ー	ト

jīpan = Jeans

ジ	ー	パ	ン

beruto = Gürtel

ベ	ル	ト

Wohnung

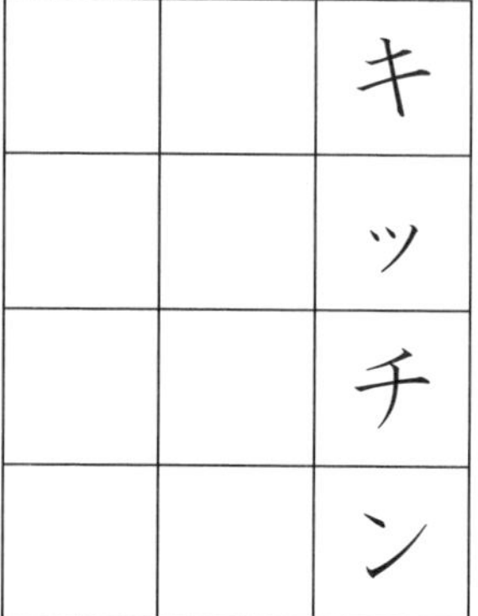

kitchin = Küche

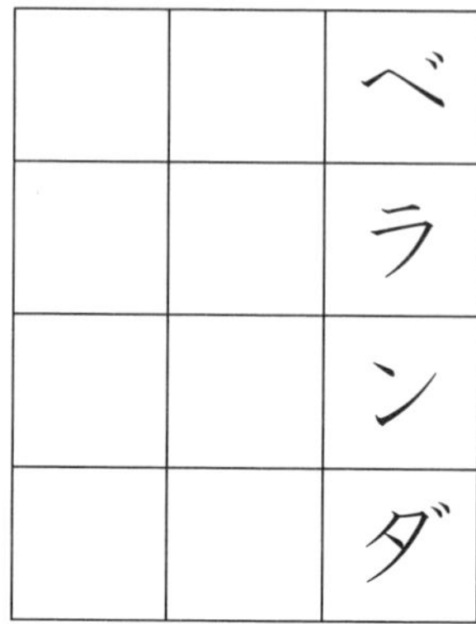

beranda = Veranda

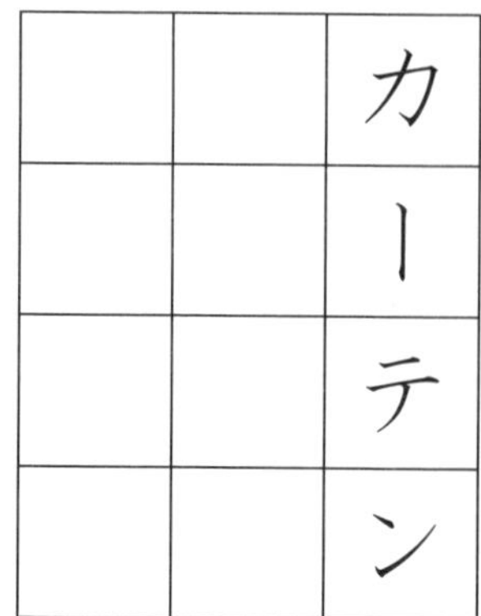

kāten = Vorhang

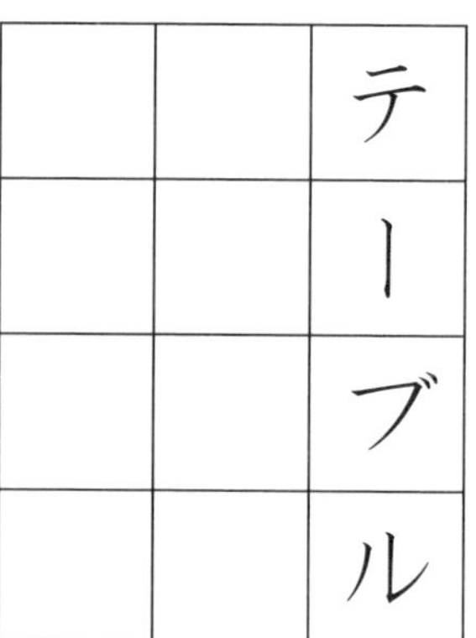

tēburu = Tisch

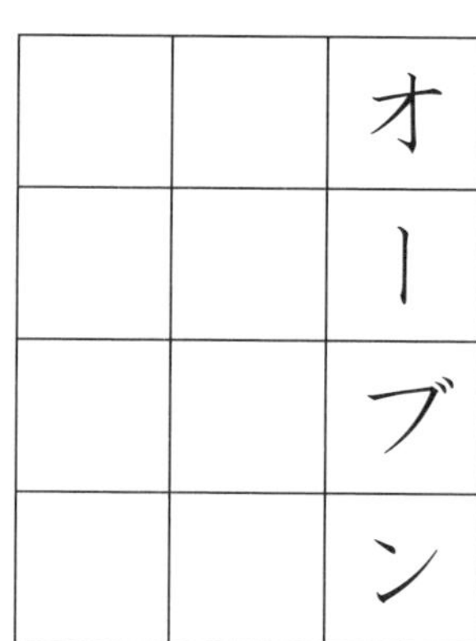

ōbun = Backofen

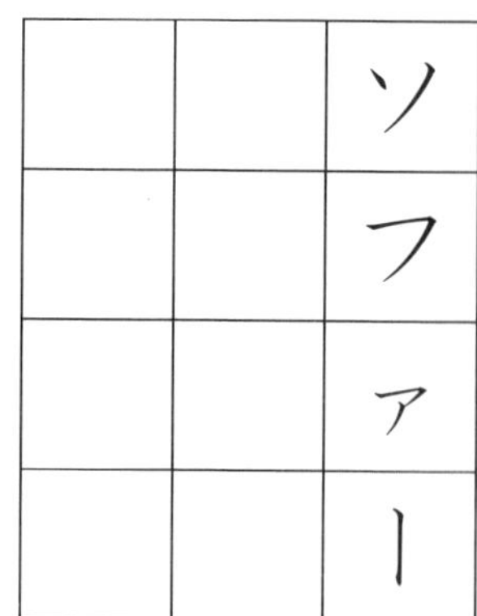

sofā = Sofa

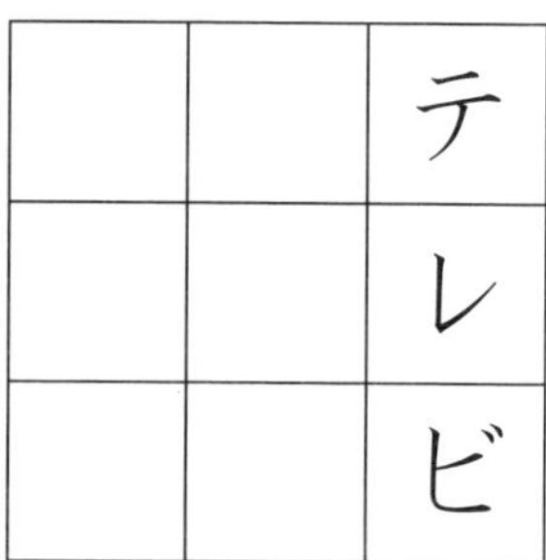

terebi = Fernseher

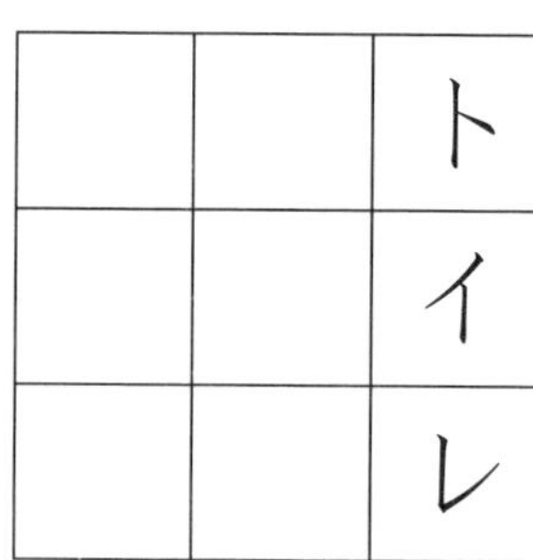

toire = Toilette

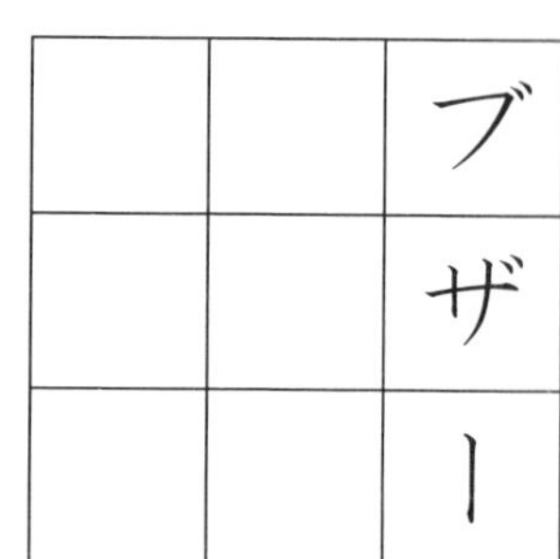

buzā = Türklingel

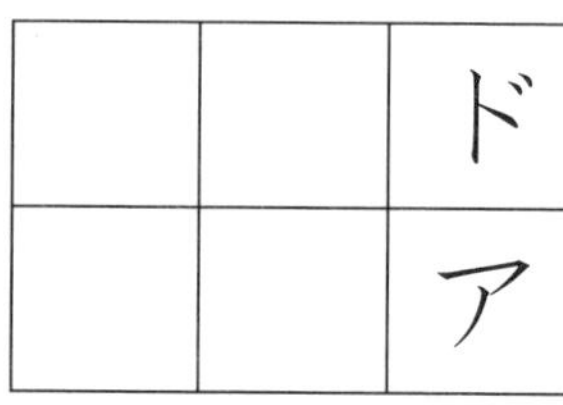

doa = Tür

3. Kanji 漢字

Die heutige japanische Schrift, in ihrer Mischung aus den beiden Ihnen bereits vertrauten Silbenalphabeten Hiragana und Katakana und den chinesischen Schriftzeichen „Kanji“, wörtlich „China-Zeichen“, ist sicherlich einzigartig und den Bedürfnissen der japanischen Sprache auf faszinierende Weise angepasst.
Im modernen Japanisch wird auch zunehmend das lateinische Alphabet benutzt, so dass wir in japanischen Texten sogar mit vier Schriften konfrontiert werden. Auch die Zeichen der beiden Silbenalphabete sind Kurzformen von ursprünglich chinesischen Schriftzeichen. Es gibt bei den Katakanazeichen sogar vier Silben, die je nach Textkontext auch ein Kanji sein könnten:

das „ka“	カ	ist identisch mit dem Kanji	力	„chikara“ (Kraft)
das „ni“	ニ	mit dem Kanji	二	„ni“ (zwei)
das „ha“	ハ	mit dem Kanji	八	„hachi“ (acht)
das „ro“	ロ	mit dem Kanji	口	„kuchi“ (Mund)

Trotzdem kommt es nicht zu Verwechslungen. Aus dem Kontext erkennt man gleich, ob es sich um ein sinntragendes Kanji oder die entsprechende Katakanasilbe handelt.

Die Kanji wurden bereits vor 4000 Jahren in China entwickelt und um 600 n. Chr. über Korea nach Japan überliefert. Bis ins späte Mittelalter wurde für amtliche Zwecke die chinesische Schriftsprache verwendet, auf Japanisch „Kanbun“ genannt. Erst im Laufe der Zeit wurde diese Schrift immer mehr der japanischen gesprochenen Sprache angepasst. Die sinntragenden chinesischen Schriftzeichen eignen sich trotz ihres hohen Alters nach wie vor perfekt zur Wiedergabe der chinesischen Sprache. Auch neueste Errungenschaften und wissenschaftliche Termini können durch neue Kombinationen von Schriftzeichen problemlos wiedergegeben werden. Oft sind sie für den Laien verständlicher als unsere Fachtermini lateinischer oder griechischer Herkunft.

Im Japanischen gibt es auch viele neue Kombinationen der chinesischen Schriftzeichen, auch wenn die Katakanawörter auf den ersten Blick zu überwiegen scheinen. Oft gibt es parallel durchaus noch eine Schriftzeichenkombination für das entsprechende Katakanawort.
So praktisch die Katakanawörter auch für uns Ausländer am Anfang sein mögen, haben sie doch ihre Tücken. Oft sind die Fremdwörter aufgrund ihrer japanisierten Schreibweise nicht mehr zurückzuverfolgen, während die sinntragenden Kanji die Bedeutung auch unbekannter Fremdwörter erahnen lassen. Auch für Japaner wird die Flut der Katakanawörter immer unüberschaubarer. So gibt es ständig neu überarbeitete Fremdwörterbücher, in welchen die Katakanawörter auf Japanisch erklärt werden.

Während sich im Chinesischen jedoch die einzelnen Wörter weder durch Deklination, Konjugation oder sonstige Flexion verändern, sind die Endungen der agglutinierenden japanischen Sprache mit Kanji allein nicht wiederzugeben.
Die sich verändernden Endungen werden deshalb mit Hiragana geschrieben.
Die Katakana ermöglichen eine schnelle Adaption von neuen Begriffen und Fremdwörtern aus dem Ausland, während sich Chinesen erst einmal passende Schriftzeichen dafür überlegen müssen.

So verwundert es nicht, dass zum Erlernen der chinesischen Sprache weitaus mehr Schriftzeichenkenntnisse erforderlich sind als im Japanischen. 1981 legte die japanische Regierung rund 2000 Kanji fest, die im Alltagsleben am häufigsten benutzt werden und an die sich auch die Massenmedien halten. Chinesische Schüler müssen dagegen ca. 5000 Kanji lernen. Für das Verständnis wissenschaftlicher und literarischer Texte sind jedoch auch im Japanischen weitergehende Kanji-Kenntnisse erforderlich.

Den schwierigsten Bereich der japanischen Schrift stellt die korrekte Lesung der Kanji dar, da diese im Gegensatz zum Chinesischen oft zahlreiche Lesungen haben und je nach Kombination unterschiedlich gelesen werden müssen. So relativiert sich der Lernaufwand der Japanisch- und Chinesischlernenden wieder!

Hier ein Beispiel für die verschiedenen Lesungen des Zeichens 日 mit der Bedeutung „Sonne" bzw. „Tag":

Nihon	日本	(Japan)
nichiyou**bi**	日曜日	(Sonntag)
ichi**nichi** **tsuitachi** (Sonderlesung)	一日	(ein Tag) (der erste Tag im Monat)

So ist es im Japanischen möglich, dass die gleiche Kanji-Kombination je nach Kontext eine andere Bedeutung und eine andere Lesung hat, wie man am Beispiel der möglichen Lesungen für 一日 sehen kann.

Im Chinesischen gibt es selten verschiedene Lesungen für ein Schriftzeichen.
Warum gibt es so viele Lesungen im Japanischen? Das liegt vor allem daran, dass man bei der Übernahme der Kanji sowohl die damalige chinesische Lesung, genannt sino-japanische Lesung oder „on-yomi", als auch die japanische Lautung für die entsprechende Bedeutung, genannt „kun-yomi", integriert hat. So kommt es, dass manche „on-yomi" auch heute noch sehr ähnlich sind mit denen des modernen Chinesisch bzw. manchen Dialekten: auch im Chinesischen heißt z.B. „drei" 三 „san".

3.1 Aufbau der Kanji

Im Chinesischen gibt es grundsätzlich vier verschiedene Möglichkeiten, Schriftzeichen zu bilden. Die allerersten Zeichen waren Bildzeichen, **Piktogramme**, die konkrete Dinge vereinfacht wiedergaben. Diese Gruppe erschöpfte sich ziemlich schnell und macht heute prozentual den kleinsten Teil der Schriftzeichen aus. Abstraktere Begriffe konnten erst mit den **Symbolzeichen** dargestellt werden. Die Kombination verschiedener Bildzeichen ermöglichte eine neue Bedeutungsvielfalt. Unendliche Möglichkeiten waren aber erst mit den **semantisch-phonetischen Komposita** gegeben, wobei ein Teil des Schriftzeichens bedeutungstragende, der andere phonetische Funktion hat. Die chinesische Schrift ist im Gegensatz zu allen alphabetverschrifteten Sprachen keine Buchstabenschrift, sondern eine Silbenschrift. Die Schriftzeichen können zum Teil neben- und übereinandergestellt werden.

1. Piktogramme

Piktogramme waren vereinfachte Abbildungen konkreter Dinge. Links sehen Sie die ursprünglichen Formen, aus welchen sich die heutigen Schriftzeichen entwickelt haben.

ursprüngliche Form	chinesisches Zeichen	Umschrift	deutsche Übersetzung	Strichreihenfolge
	日	hi; nichi	Sonne	丨 冂 日 日
	月	tsuki getsu; gatsu	Mond	丿 刀 月 月
	山	yama; san	Berg	丨 山 山

2. Symbolzeichen

Für abstraktere Begriffe entwickelte man Symbolzeichen.

chinesisches Zeichen	Umschrift	deutsche Übersetzung	Strich-reihenfolge
三	san; mi	drei	一 二 三
上	ue; jou	oben	丨 ⺊ 上
下	shita; ge; ka	unten	一 丅 下

3. Bedeutungskomposita

Aus 2 oder mehreren Piktogrammen werden neue Bedeutungskomposita gebildet.

Einzelpiktogramme	deutsche Übersetzung	Komposit-zeichen
日 + 月 nichi/hi tsuki/gatsu	Sonne + Mond = hell	明 akarui
人 + 木 jin/nin/hito ki/moku	Mensch + Baum = sich ausruhen	休 yasumu

4. Semantisch-phonetische Komposita

Die größte Gruppe machen semantisch-phonetische Komposita aus. Ein Teil des Schriftzeichens gibt Hinweise auf die Bedeutung, der andere auf die Aussprache.

Bedeutungs- + Aussprachezeichen	Komposit-zeichen	deutsche Übersetzung
門 + 耳 mon (Tür, Tor) mimi (Ohr)	聞 kiku bun = kiku/mon/bun	hören

3.2 Struktur der Kanji

Jedes Schriftzeichen besteht aus mindestens einem sogenannten Radikal, das den Kern des Kanji bildet. Insgesamt gibt es 214 solcher Bausteine, nach denen die Kanji auch in Zeichenlexika geordnet werden.
So gibt es u.a. das Radikal „Wasser", das Radikal „Tier" und das Radikal „Mensch".
Vielfach geben die Radikale Hinweise auf die Bedeutung des Kanji. Man kann z.B. erkennen, ob es sich um eine Pflanze oder ein Insekt handelt. Aber leider klappt das nicht immer.
Im Laufe der Zeit haben sich bei vielen Kanji starke Abweichungen zur ursprünglichen Bedeutung entwickelt.

Besonders als nichtmuttersprachlicher Lerner sollten Sie den Radikalen besondere Bedeutung beimessen. Sie helfen Ihnen nicht nur, unbekannte Zeichen im Zeichenlexikon nachzuschlagen, sondern können Ihnen auch helfen, sich die Schriftzeichen besser einzuprägen.
So ist es effektiver beim Lernen, wenn Sie sich Kanji nicht einzeln, sondern in Gruppen einprägen. Schauen Sie sich z.B. andere Kanji mit dem gleichen Radikal an und überlegen Sie sich Eselsbrücken, mit denen Sie sich die Bedeutung und die Einzelkomponenten eines Schriftzeichens besser merken können. Hier ein Beispiel für eine **Merkhilfe**:

門 - Tor 聞 - hören: „Ohr an der Tür"

間 - zwischen: „Sonne zwischen den Toren"

3.3 Schreibung der Kanji

Neben der richtigen Schreibrichtung (siehe Pfeile) muss die Strichfolge (siehe Nummerierung) genau eingehalten werden. Hier die wichtigsten Grundregeln:

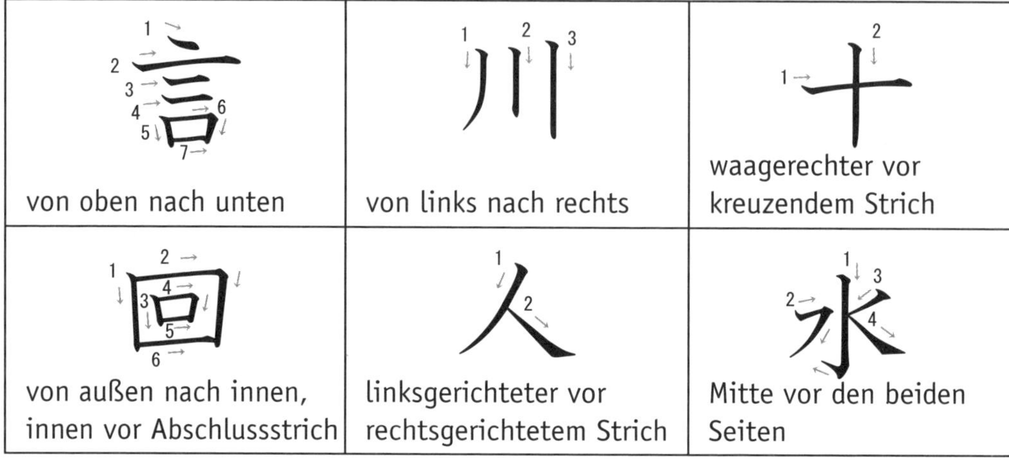

言	川	十
von oben nach unten	von links nach rechts	waagerechter vor kreuzendem Strich
回	人	水
von außen nach innen, innen vor Abschlussstrich	linksgerichteter vor rechtsgerichtetem Strich	Mitte vor den beiden Seiten

Beispiel einer Strichfolge:

yoroko-bi *(Freude)*

3.4 Kalligrafie

Große Bedeutung hat nach wie vor die Kalligrafie in Japan und China.
Als Schreibwerkzeuge werden dort, wie bei dem hier abgebildeten Schriftzeichen „haru“ für „Frühling“, Pinsel und Tusche verwendet.

Merkhilfe: Das Schriftzeichen „Haru“ besteht aus den drei Einzelzeichen:

三	人	日
(drei)	(Mensch)	(Sonne)

„Drei Menschen erfreuen sich an der Frühlingssonne.“

Das nächste Beispiel ist das Schriftzeichen „tomi“ 富 für „Wohlstand“.

Das Zeichen besteht aus 4 Bestandteilen:

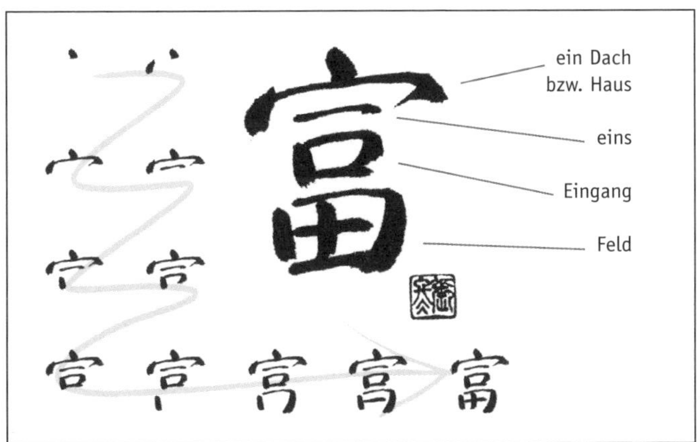

Merkhilfe: „Ein Haus an einem Eingang zum Feld bedeutet Wohlstand.“

3.5 Die Zahlen

Jetzt geht's ans Schreiben. Beginnen wir mit ein paar einfachen, aber häufig benutzten Kanji, die Sie am besten mit dem Bleistift üben.
Verwenden Sie Kästchenpapier und versuchen Sie, die Schriftzeichen wie im jeweiligen Beispiel in die Kästchen zu platzieren. Beginnen wir mit den Zahlen.

一	一			ichi (eins)
二	二			ni (zwei)
三	三			san (drei)
四	四			yon/shi (vier)
五	五			go (fünf)

六	六			roku (sechs)
七	七			shichi/ nana (sieben)
八	八			hachi (acht)
九	九			kyuu/ku (neun)
十	十			juu (zehn)
二	十			ni juu (zwanzig)

三 十			san juu (dreißig)
1→ 2 4→ 3↓ 5→ 6→ 百	百			hyaku (hundert)
1 2→ ↓3 千	千			sen (tausend)
1→ 3 2→ 万	万			man (zehn-tausend)

Versuchen Sie jetzt mal, die Zahlen kleiner zu schreiben.

一																	
二																	
三																	
四																	
五																	
六																	
七																	
八																	
九																	

十																	
二	十																
三	十																
百																	
千																	
万																	

3.6 Die japanische Währung

Das Kanji für das Wort *Yen* ist 円. Gesprochen wird es als „en". Bei Preisangaben in Worten steht es hinter der Zahl.
Daneben gibt es auch das international benutzte Währungssymbol ￥. Es steht vor der Zahl.
Jetzt können Sie ein wenig die Zahlen in Verbindung mit 円 üben.

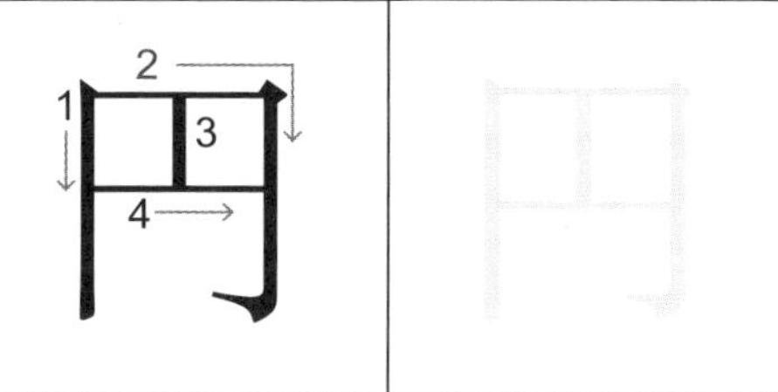

一円			ichien ￥1
二円			nien ￥2
三円			san en ￥3
四円			yoen ￥4
五円			goen ￥5
六円			rokuen ￥6
七円			nanaen ￥7

八円			hachien ¥8
九円			kyuuen ¥9
十円			juuen ¥10
十一円			juuichien ¥11
二十円			nijuuen ¥20
百円			hyakuen ¥100
千円			sen en ¥1000
一万円			ichiman en ¥10,000
一千万円			issenman en ¥10,000,000

Schreiben Sie doch mal ein paar Preise in Kanji.
Zwei Beispiele:

¥15,348　　一万五千三百四十八円
¥62,790　　六万二千七百九十円

Und jetzt Sie.

¥3,450	
¥90,851	

¥ 23,467	

3.7 Die Uhrzeit

Zur Angabe der Uhrzeit wird 時 (ji = Stunde) mit 分 (fun = Minute) kombiniert. Bei der Aussprache ändert 分 manchmal seinen Anfangslaut, z. B. sagt man bei 一分 „ip**p**un" und nicht „ipfun". Schauen Sie sich zuerst an, wie die Kanji für „Stunde" und „Minute" geschrieben werden:

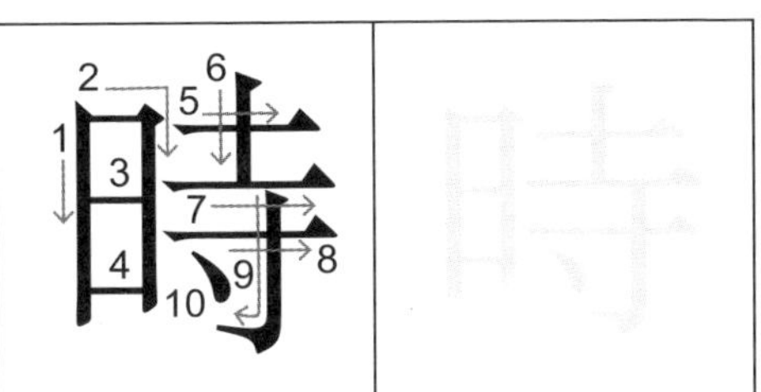

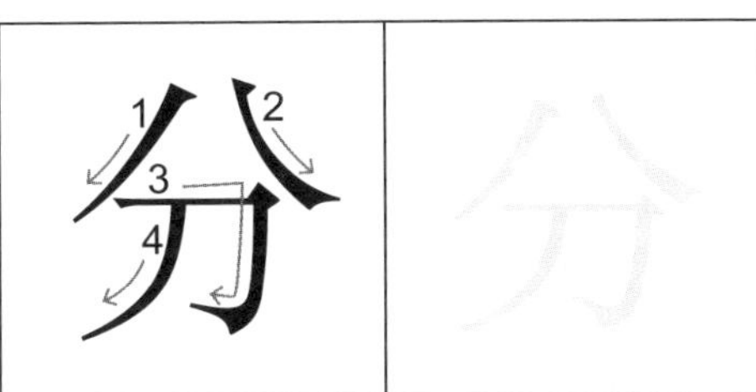

一時			1:00 ichiji	一分			0:01 ippun
二時			2:00 niji	二分			0:02 nifun
三時			3:00 sanji	三分			0:03 sanpun
四時			4:00 yoji	四分			0:04 yonpun
五時			5:00 goji	五分			0:05 gofun
六時			6:00 rokuji	六分			0:06 roppun
七時			7:00 shichiji	七分			0:07 nanafun

八時			8:00 hachiji	八分			0:08 hachifun
九時			9:00 kuji	九分			0:09 kyuufun
十時			10:00 juuji	十分			0:10 juppun
十一時						11:00 juuichiji	
十二時						12:00 juuniji	

Der „Vormittag“ heißt auf Japanisch übrigens 午前 (gozen), der „Nachmittag“ heißt 午後 (gogo) und der „Mittag“ lautet 正午 (shōgo).

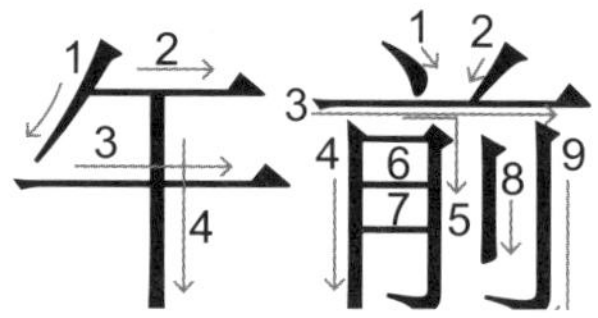 午前	午前	
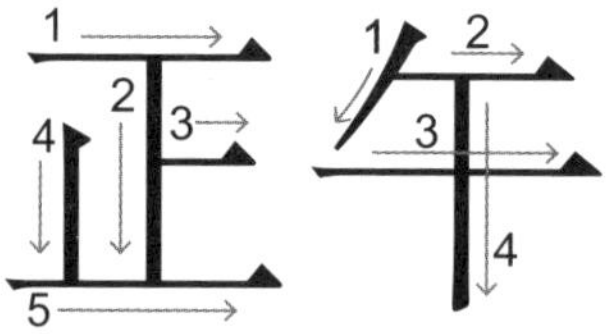 正午	正午	
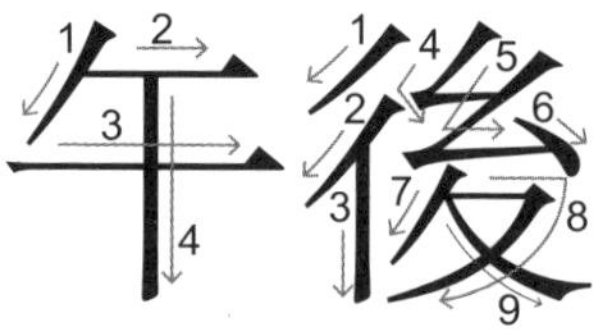 午後	午後	

3.8 Monate, Datum, Jahreszahlen

Nun üben Sie die Zahlen in Verbindung mit der Angabe des Monats und der Monatstage.

Der **Monat** heißt auf Japanisch 月 (getsu/gatsu = Monat oder tsuki = Mond).

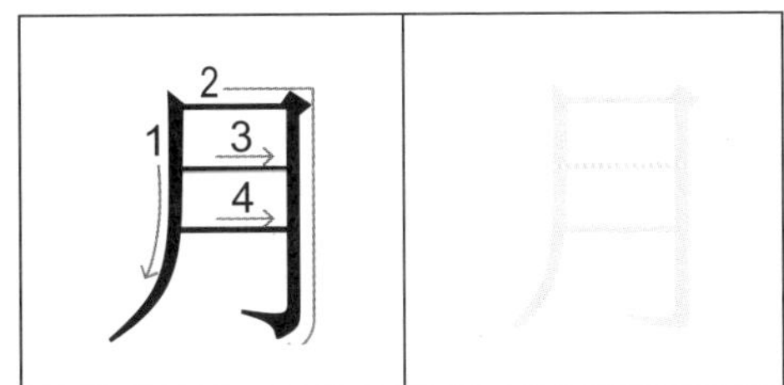

Beim Schreiben eines Monatsnamens setzt man einfach die Zahlen von 一 = 1 bis 十二 = 12 mit 月 zusammen.

Wenn Sie ein **Datum**, also einen bestimmten Tag im Monat, angeben wollen, benutzen Sie 日 (nichi = Tag).

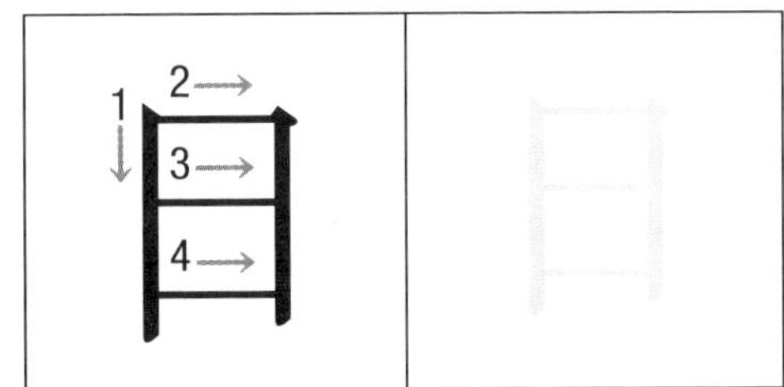

Für die Tage vom 1. bis zum 10. Tag eines Monats gibt es allerdings eine besondere Leseweise, z. B. sagt man für 一日 = 1. Tag „tsuitachi" und nicht „ichinichi".

Ab dem 11. Tag liest man regelmäßig mit Zahl und „nichi". Nur den 14. (十四日 - juuyokka), den 20. (二十日 - hatsuka) und den 24. (二十四日 - nijuuyokka) müssen Sie sich noch als Ausnahmen merken.

一月			ichigatsu = Januar	一日			tsuitachi = 1. Tag
二月			nigatsu = Februar	二日			futsuka = 2. Tag
三月			sangatsu = März	三日			mikka = 3. Tag
四月			shigatsu = April	四日			yokka = 4. Tag

五月			gogatsu = Mai	五日			itsuka = 5. Tag
六月			rokugatsu = Juni	六日			muika = 6. Tag
七月			shichigatsu = Juli	七日			nanoka = 7. Tag
八月			hachigatsu = August	八日			youka = 8. Tag
九月			kugatsu = September	九日			kokonoka = 9. Tag
十月			juugatsu = Oktober	十日			tooka = 10. Tag
十一月			juuichigatsu = November	十一日			juuichinichi = 11. Tag
十二月			juunigatsu = Dezember	十二日			juuninichi = 12. Tag

Hier zwei Beispiele für die Datumsangabe:

5. Oktober 十月五日

12. November 十一月十二日

Und jetzt Sie alleine.

9. Juli	
25. September	

7. April	
30. Mai	

Jahreszahlen schreibt man mit 年 (nen = Jahr). In Japan erfolgt die offizielle Zeitrechnung (z. B. in Zeitungen oder auch bei der Angabe des Geburtsdatums) jedoch nicht nach der in westlichen Ländern üblichen Zählart, die sich am Geburtsjahr Christi orientiert, sondern nach den „nengō", den Amtszeiten der japanischen Kaiser. Jede Amtszeit erhält einen eigenen Namen, und mit dem Beginn der Amtszeit eines neuen Kaisers fängt man auch wieder bei 1 zu zählen an. Die Namen der letzten drei kaiserlichen Amtszeiten lauten:

- 昭和 - shōwa (25.12.1926 - 07.01.1989; Amtszeit von Kaiser Hirohito)
- 平成 - heisei (08.01.1989 - 30.04.2019; Amtszeit von Kaiser Akihito)
- 令和 - reiwa (seit 01.05.2019; Amtszeit von Kaiser Naruhito)

年	年	nen = Jahr
昭和	昭和	shōwa
平成	平成	heisei
令和	令和	reiwa

Wer also z. B. bis zum 7. Januar 1989 geboren ist, gehört noch zu „shōwa". Ab dem 8. Januar 1989 Geborene gehören zu „heisei". Das Geburtsdatum wird nach folgendem Muster angegeben:

Name der Amtszeit + Jahr der Amtszeit (Zahl + 年) + Monatsname + Monatstag

Beispiel: Wer am 4. August 1965 geboren ist, hat im Japanischen folgendes Geburtsdatum:

昭和四十年八月四日
shōwa yonjuu nen hachigatsu yokka
= Shōwa, 40. Jahr, August, 4. Tag

Haben Sie nachgerechnet? Im Beispiel ist es das 40. Jahr der Shōwa-Amtszeit, weil das erste Jahr der Shōwa-Amtszeit (1926) bereits als 1 gezählt wird.

Jetzt können Sie versuchen, Ihren eigenen Geburtstag aufzuschreiben.

3.9 Die Wochentage

Der Wochentag „youbi" 曜日 wird hier mit 7 verschiedenen Elementen kombiniert.
Das „you" ist schon ein ziemlich kompliziertes Zeichen für Anfänger.
Bei komplexeren Zeichen mit hoher Strichzahl werden die einzelnen Bestandteile kleiner geschrieben, denn jedes Zeichen muss in einem Kästchen Platz finden.
Achten Sie auch hier unbedingt auf die angegebene Strichfolge und Schreibrichtung.

月曜日	火曜日	水曜日	木曜日	金曜日	土曜日	日曜日
getsuyoubi	**ka**youbi	**sui**youbi	**moku**youbi	**kin**youbi	**do**youbi	**nichi**youbi
„**Mond**"-Tag	„**Feuer**"-Tag	„**Wasser**"-Tag	„**Holz**"-Tag	„**Gold**"-Tag	„**Erd**"-Tag	„**Sonnen**"-Tag
Montag	Dienstag	Mittwoch	Donnerstag	Freitag	Samstag	Sonntag

月 (1↓ 2→ 3→ 4→)	月			getsu (Mond)
火 (1 2 3 4)	火			ka (Feuer)

水	水			sui (Wasser)
木	木			moku (Baum)
金	金			kin (Gold)
土	土			do (Erde)
日	日			nichi (Sonne)
曜	曜			you (Wochen-tag)

Und nun versuchen Sie es mal kleiner.

月																	
火																	
水																	
木																	
金																	
土																	
日																	
曜																	

getsuyoubi Montag

月						
曜						
日						

kayoubi Dienstag

火						
曜						
日						

suiyoubi Mittwoch

水						
曜						
日						

mokuyoubi Donnerstag

木						
曜						
日						

kinyoubi Freitag

金						
曜						
日						

doyoubi Samstag

土						
曜						
日						

nichiyoubi Sonntag

日						
曜						
日						

3.10 Die vier Jahreszeiten in Kanji

Hier können Sie die Kanji für die vier Jahreszeiten 春 (Frühling), 夏 (Sommer), 秋 (Herbst) und 冬 (Winter) lernen. Den „Frühling" haben Sie vielleicht bereits auf der vorderen Buchumschlagseite entdeckt.

春	春			haru = Frühling
夏	夏			natsu = Sommer
秋	秋			aki = Herbst
冬	冬			fuyu = Winter

3.11 Wichtige Kanji für unterwegs

Wenn Sie in Japan unterwegs sind, werden Ihnen ganz sicher auch immer wieder die folgenden Kanji begegnen. Gut zu wissen, wenn man weiß, was sie bedeuten.

入口	入口		iriguchi = Eingang
出口	出口		deguchi = Ausgang
非常口	非常口		hijouguchi = Notausgang

便所	便所		ben jo = Toilette
男	男		otoko = Mann
女	女		onna = Frau

Lösungen zu den Übungen

1. Hiragana

S. 13　うえ　あき

S. 17　てつ　あせ

S. 21　ひふ　なつ

S. 25　ゆき　まめ　やま

S. 29　よる　れい　のり　わける　おんせん　りこん　わら

S. 45　しょうせつ　りょうり　ちゅうごく

S. 48　ちょっと　がっかり

S. 50　1. はじめまして。やまだです。どうぞよろしく。 -こちらこそどうぞよろしく。

2. ありがとうございます。 -どういたしまして。

3. おげんきですか。　－ええ、おかげさまで。

4. ただいま。　－おかえり。

5. いってきます。　－いってらっしゃい。

6. いただきます。　－ごちそうさま。

S. 51

			に								あ	さ	
		じ		い		す	み	ま	せ	ん			
	は	こ		い							う		
ん			う	え		え	び	ち			た		し
				ば				が				つ	
		せ			ん			い			れ		
		ん						ま		い			
		せ						す	し				
		い		ど	う	ぶ	つ	ま					
							す				は	ち	じ

2. Katakana

S. 73　ホームシック、　マイク、　ジャズ、　ヨガ、　キャッシュ・カード

S. 78　スカーフ　ペンギン、　ブローチ

S. 84　ヨーグルト、キャンデイー、　ハンバーガー、　マヨネーズ

S. 92　シャンパン、　カクテル

3. Kanji

S. 113	¥ 3,450	三千四百五十円
	¥ 90,851	九万八百五十一円
	¥ 23,467	二万三千四百六十七円

S. 116	9. Juli	七月九日
	25. September	九月二十五日
	7. April	四月七日
	30. Mai	五月三十日

Hiragana-Lernkärtchen

a	i	u	e	o	ka
ki	ku	ke	ko	sa	shi
su	se	so	ta	chi	tsu
te	to	na	ni	nu	ne
no	ha	hi	fu	he	ho
ma	mi	mu	me	mo	ya
yu	yo	ra	ri	ru	re
ro	wa	n	o (die Partikel)	ga	gi
gu	ge	go	za	ji	zu

か	お	え	う	い	あ
し	さ	こ	け	く	き
つ	ち	た	そ	せ	す
ね	ぬ	に	な	と	て
ほ	へ	ふ	ひ	は	の
や	も	め	む	み	ま
れ	る	り	ら	よ	ゆ
ぎ	が	を (die Partikel)	ん	わ	ろ
ず	じ	ざ	ご	げ	ぐ

ze	zo	da	ji (selten gebraucht)	zu (selten gebraucht)	de
do	ba	bi	bu	be	bo
pa	pi	pu	pe	po	

Schneiden Sie die Lernkärtchen entlang der gestrichelten Linien aus. Jedes Lernkärtchen enthält nun auf einer Seite das Hiragana- bzw. ab S. 129 das Katakana-Zeichen und auf der anderen die Entsprechung im Alphabet.

Lerntipp: Kopieren Sie die Lernkarten vor dem Ausschneiden mehrfach einseitig. Schneiden Sie nun drei Sets aus:

1 x 46 Hiragana + Sonderzeichen
1 x 46 Katakana + Sonderzeichen
1 x Silbenumschriften

Nun können Sie sich selbst ein Hiragana oder Katakana-Memory-Spiel erstellen. Mischen Sie z.B. das Hiragana-Alphabet und das Silbenalphabet, legen Sie alle Kärtchen verdeckt aus. Decken Sie immer zwei Kärtchen auf, bis Sie passende Hiragana-Alphabetpaare gefunden haben.

で	づ (selten gebraucht)	ぢ (selten gebraucht)	だ	ぞ	ぜ
ぼ	べ	ぶ	び	ば	ど
	ぽ	ぺ	ぷ	ぴ	ぱ

Katakana-Lernkärtchen

a	i	u	e	o	ka
ki	ku	ke	ko	sa	shi
su	se	so	ta	chi	tsu
te	to	na	ni	nu	ne
no	ha	hi	fu	he	ho
ma	mi	mu	me	mo	ya
yu	yo	ra	ri	ru	re
ro	wa	n	o	ga	gi
gu	ge	go	za	ji	zu

カ	オ	エ	ウ	イ	ア
シ	サ	コ	ケ	ク	キ
ツ	チ	タ	ソ	セ	ス
ネ	ヌ	ニ	ナ	ト	テ
ホ	ヘ	フ	ヒ	ハ	ノ
ヤ	モ	メ	ム	ミ	マ
レ	ル	リ	ラ	ヨ	ユ
ギ	ガ	ヲ	ン	ワ	ロ
ズ	ジ	ザ	ゴ	ゲ	グ

ze	zo	da	ji (selten gebraucht)	zu (selten gebraucht)	de
do	ba	bi	bu	be	bo
pa	pi	pu	pe	po	

デ	ヅ (selten gebraucht)	ヂ (selten gebraucht)	ダ	ゾ	ゼ
ボ	ベ	ブ	ビ	バ	ド
	ポ	ペ	プ	ピ	パ

Kopiervorlage A

Kopiervorlage B

Kopiervorlage C

Bildnachweis

U1 Shutterstock (tungtopgun), New York; **10.1** Getty Images (inomasa), München; **10.2** Shutterstock (Lee waranyu), New York; **10.3** Getty Images (BasieB), München; **10.4** Getty Images (SergeyIT), München; **16.1** iStockphoto (Sharon Dominick), Calgary, Alberta; **16.2** Getty Images (Soren Hald), München; **20.1** Getty Images (Irochka_T), München; **20.2** Getty Images (jgroup), München; **24.1** Getty Images (RyanKing999), München; **24.2** Fotolia (dimedrol68), New York; **25.1** Getty Images (dimid_86), München; **25.2** Fotolia (Alik Mulikov), New York; **31.1** Thinkstock (ipopba), München; **31.2** iStockphoto (Trevor Nielson), Calgary, Alberta; **31.3** Getty Images (Amarita), München; **31.4** Fotolia (windu), New York; **36.1** Shutterstock (Eric Isselee), New York; **36.2** iStockphoto (Kate Shephard), Calgary, Alberta; **37.1** Shutterstock (Zarya Maxim Alexandrovich), New York; **37.2** iStockphoto (Jordan Chesbrough), Calgary, Alberta; **37.3** Shutterstock (Vagastar), New York; **37.4** PONS Archiv (Michael Deffur, Hückelhoven), Stuttgart; **42.1** PONS Archiv (Friso de Jong, Stuttgart), Stuttgart; **43.1** Thinkstock (Purestock), München; **43.2** iStockphoto (apg), Calgary, Alberta; **46.1** PONS Archiv, Stuttgart; **46.2** Shutterstock (oatautta), New York; **46.3** PONS Archiv, Stuttgart; **46.4** Getty Images (C Squared Studios), München; **52** Shutterstock (Eric Isselee), New York; **53** Getty Images (Yulia Lisitsa), München; **64.1** Shutterstock (Tischenko Irina), New York; **64.2** Shutterstock (Murat Tegmen), New York; **64.3** Shutterstock (Sakarin Sawasdinaka), New York; **68.1** Getty Images (ArisSu), München; **68.2** iStockphoto (Kate Shephard), Calgary, Alberta; **68.3** Shutterstock (goldnetz), New York; **68.4** PONS Archiv, Stuttgart; **76.1** Getty Images (dreamnikon), München; **76.2** Getty Images (Chel Beeson), München; **76.3** Getty Images (gyro), München; **77.1** Getty Images (Ratchat), München; **77.2** Getty Images (alexsl), München; **91.1** iStockphoto, Calgary, Alberta; **91.2** iStockphoto (Thomas Polen), Calgary, Alberta; **91.3** iStockphoto (Alex Bramwell), Calgary, Alberta; **91.4** Shutterstock (Mariyana M), New York; **95** iStockphoto (Daniel Hutchison), Calgary, Alberta; **96.1** iStockphoto (Rob Bouwman), Calgary, Alberta; **96.2** iStockphoto (marcelo pinheiro), Calgary, Alberta; **96.3** iStockphoto (Radu Razvan), Calgary, Alberta; **97** iStockphoto (James McQuillan), Calgary, Alberta; **98.1** Fotolia (cedrov), New York; **98.2** iStockphoto (Radu Razvan), Calgary, Alberta; **98.3** iStockphoto (Duncan Babbage), Calgary, Alberta; **98.4** Fotolia (Alexandra Karamyshev), New York; **107** Getty Images (FrankMirbach), München; **112** Getty Images (gaffera), München

PONS
Schreiben üben!
JAPANISCH

Die Schriftzeichen Schritt für Schritt lernen und trainieren

von Katja Heere

bearbeitet von Reiko Kobayashi

9. Auflage 2026

Redaktion: Christiane Yamakoshi, Corinna Löckle-Götz
Schrift-Grafiken: Koki Kobayashi, Japan
Kalligrafie: Dong Zhang, Stuttgart
Logoentwurf: Erwin Poell, Heidelberg
Logoüberarbeitung: Sabine Redlin, Ludwigsburg
Satz: Satz und mehr, Besigheim; digraf.pl - dtp services
Druck und Bindung: Multiprint Ltd., Kostinbrod

ISBN: 978-3-12-562149-7